開口就讓眾人記住！
巧妙回應拉近距離、贏得掌聲

笑出影響力！

用幽默擄獲人心

不懂幽默，溝通寸步難行
笑中有悟的必讀之作

徐圖 著

幽默是最佳破冰工具
一句妙語，點燃笑聲、拯救冷場瞬間

目錄

前言　別讓缺乏幽默成為溝通的障礙 ………… 005

1　幽默的影響力，讓成功更近一步 ………… 007

2　幽默點綴對話，讓溝通更輕鬆有趣 ………… 035

3　直言無礙，學會用幽默避免誤解 ………… 067

4　機智應對，讓挑釁者無法還擊 ………… 083

5　幽默勝於鋒利言辭，影響更深遠 ………… 107

6　巧用幽默點破問題，照樣得人心 ………… 137

7　幽默解圍，優雅應對刁難 ………… 165

8　靈活運用幽默，讓對話充滿驚喜 ………… 189

9　說得有趣，更要說得精準 ………… 211

目錄

前言
別讓缺乏幽默成為溝通的障礙

很多時候，人與人之間的隔閡在於溝通不夠。人們在充滿負面情緒的時候，面對尷尬的時候，有突發狀況需要解決的時候，受到刻意刁難的時候，總是會不由自主地拍桌而起或大發雷霆。其實，這樣的做法不但不利於解決問題，反而會使問題更加複雜化。

那麼，有沒有一種更好的方式讓人們既可以充分地表達自己，又有利於解決問題呢？答案是，以幽默表達自己的看法。

一輛疾駛又擁擠的公車突然急煞，一位先生不慎撞上一位小姐。小姐認為這位先生故意撞她，回頭瞪他說：「搞什麼！為什麼撞我？」罵聲引來好奇的目光，這位先生立即說：「對不起，小姐。雖說我撞了你，但其實是慣性撞了妳！」全車乘客包括這位女士都忍俊不禁，於是人人釋然。

當對方出言不遜時，我們不一定要針鋒相對，用一句幽默且頗含深意的話可以化解尷尬，既讓對方注意到自己的態度不佳，又巧妙地回擊對方；當別人有意挑釁時，用幽默巧妙迴避，一場毫無意義的爭議便不會發生……

有一次，林肯正在演講，一位青年遞給他一張紙條。林肯

前言　別讓缺乏幽默成為溝通的障礙

　　打開一看，上面只有兩個字：「笨蛋」。林肯臉上掠過一絲不快，但他很快地恢復平靜，笑著對大家說：「本總統收到過許多匿名信，全都只有正文，不見寫信人的署名；而今天正好相反，剛才這位先生只寫上了自己的名字，卻忘了寫正文。」

　　幽默是一種語言表達方式，它融技巧性與輕鬆感於一體，讓人們在詼諧與歡笑中解決問題。可以說，哪裡有幽默，哪裡就有活潑的氣氛；哪裡有幽默，哪裡就有笑聲。

　　據說，美國的男人寧願自己變成盲人或少一條腿，也不願意承認自己缺乏幽默感。雖然這種說法很無厘頭，但卻充分體現了幽默的重要性。

　　那麼，問題來了，許多人並非生來就具備幽默感，一個天生不具備幽默感的人要如何培養呢？最有效的途徑就是從書本中學習，多看一些例子，多累積一些幽默的語言，透過閱讀掌握現有的、別人總結出來的幽默技巧。希望這本書能讓您在茶餘飯後的閱讀中有所獲益，讓您遠離煩惱，離成功更近。

① 幽默的影響力，讓成功更近一步

　　很多人都在討論：幽默到底是目的還是手段？無論如何，如果你把幽默當成目的，那麼讓人開懷一笑，你的目的便達到了；如果你把幽默當成手段，那麼嫻熟的幽默可以讓你順利地達成目標。所以說，幽默可以讓你離目標更近。

1 幽默的影響力，讓成功更近一步

▊與其辯解，不如詼諧地承認錯誤

　　小時候，老師總是告訴我們要勇於認錯，可見認錯並不是件容易的事。讓一個人否定他自己，是很難做到的，更不要說大人們經常考慮自己的面子、尊嚴等問題。所以，承認錯誤成了很多人的心結。人們即使知道自己犯了錯，也會礙於面子而不願承認，擔心留給他人不好的印象。

　　承認錯誤固然需要勇氣，可是如果你是個死要面子的人，就是拉不下臉來怎麼辦呢？有一個好辦法就是──以幽默的方式承認錯誤，把勇於承認改成巧於承認。

　　在溫哥華冬奧開幕式上，具有強烈本土氣息的表演讓全世界都了解當地的原民文化。按照原先的安排，當表演到點燃火炬的時刻，四名火炬手走到場地邊緣向觀眾致敬，同時，場地中央的五環不斷「融化」，以雷射投影繪成的冰面場地逐漸裂開，四根巨大且有著原民代表的圖騰柱破冰而出，之後，四名火炬手來到場地中央點燃四根柱子，聖火從底部一直燃燒至頂部，點燃中央的主火炬。

　　這個美妙的計畫本來可以將整個儀式推向高潮，沒想到現場設備出現故障，有一根圖騰柱無法升起，使得其中一名火炬手很尷尬地站在那裡。這也讓在場的觀眾心中一驚。好在其他三根柱子正常升起，最終主火炬還是熊熊地燃燒起來。這次的

與其辯解，不如詼諧地承認錯誤

錯誤成為人們討論的焦點，奧委會也在後來的記者會上第一時間承認了點火疏失。奧委會官方發言人接受採訪時說：「可能是液壓設備出現了問題，最終火炬的點燃方式並沒有和我們計劃的一樣。」這樣坦誠地承認錯誤贏得了不少觀眾的諒解。

真正精彩的一幕出現在閉幕式上，而閉幕式開始階段的主角正是開幕式上沒能點燃的火炬柱。一個小丑模樣打扮的電工，腳步輕快地走到場地中央，來到原先那個沒能升起柱子的地方，左敲敲右打打，在忙碌了一陣之後，終於露出了笑臉。他把沒有接好的電纜線小心地接好。就如之前官方的說法：故障是由於電纜的問題。小丑修好了電纜，並將電源線插好。原本在開幕式上有些尷尬卻又表現得十分沉著的火炬手勒梅·多恩（Catriona Le May Doan）出現在了火炬旁邊，在小丑的幫忙下，她也終於點燃了這根火炬。

當遲到了16天的聖火徐徐升起時，在場的幾萬名觀眾爆出熱烈的掌聲。冬奧組委會以這樣一種幽默的方式承認並彌補了自己的錯誤，讓人讚賞不已！

我們看過那些不肯承認錯誤而苦苦辯解的人，這樣的人往往會招來旁人的側目。他們雖然以為自己在為面子而戰，反而會失去更多的尊嚴。如果你沒有勇氣承認自己的錯誤，不如就像上面的例子一樣，幽默地告訴別人自己錯了，這樣的行為不僅能得到別人的原諒，還能讓別人感受到你的真誠和睿智。

1 幽默的影響力，讓成功更近一步

▎談吐有文采，才會被青睞

幽默的言辭往往是最佳的潤滑劑，它能平息對方的怒氣，讓對方迅速轉怒為喜。

英國國王喬治三世（George III）有一次到鄉下打獵，中午感覺肚子有些餓，就到附近的一家小飯店點了兩個雞蛋充飢。吃完雞蛋後，老闆拿帳單過來，喬治三世瞄了一眼僕役接過來的帳單，憤怒地說：「兩個雞蛋要兩英鎊！雞蛋在你們這裡一定是非常稀有吧？」

老闆畢恭畢敬地回答：「不，陛下，雞蛋在這裡並不稀有，國王才稀有。雞蛋的價格必然要和您的身分相稱才行。」喬治三世聽了不由得哈哈大笑，爽快地讓僕役付帳。老闆的幽默言辭不僅沒有激怒英國國王，反而獲得一筆不小的收入。

一項非正式的調查報告顯示，多數女性在選擇伴侶時都會考慮是否具有幽默感，可見幽默的人廣受歡迎！掌握了這個交際的潤滑劑就不怕和人交談，那麼，人們又該怎樣訓練、培養幽默感呢？

有些人的幽默感是與生俱來的，但大多數人的幽默感卻是透過後天的學習培養出來的。下面簡單介紹幾種培養幽默感的技巧：

學習幽默，首先要累積幽默的素材。如果你沒有即興幽默

的能力，不如多看一些漫畫和笑話，從中體會幽默的感覺，學習欣賞幽默，久而久之，就可自己製造幽默，至少也可活用學來的笑話。

其次也可體會別人的幽默感，學習聽懂笑話，模仿一番。敞開你的心胸，去接受各種不同的人事物，這些人和事物會在你的心中留下印象，成為幽默的種子。

學著保持愉快的心情，這是幽默感的「土壤」。如果總是心情沉鬱，想著一些不快樂的事情，怎能製造出屬於快樂的幽默感呢？

除了上面幾種技巧之外，使用誇張、諷刺、反語、雙關等手法，也可以達到一定的幽默效果。現在介紹幾種常用的方法：

1. 自我解嘲

幽默的一條重要原則，就是寧可取笑自己，絕不輕易取笑別人。海利・福斯第曾經說過：「笑的金科玉律是，不論你想笑別人什麼，先笑自己。」

自嘲，也是自知、自娛和自信的表現，其本身也是一種幽默。

有一位英國作家是個大胖子，由於「體積」過大，行動往往不太方便，但他從不以胖為恥。有一次，他對朋友說：「我是個比別人親切三倍的男人。每當我在公車上讓座時，便足以讓三

1 幽默的影響力，讓成功更近一步

位女士坐下。」這輕鬆愉快的自嘲，創造了輕鬆愉快的幽默，同時又表現了他的高度自信。

2. 有意曲解

所謂「曲解」，就是以一種輕鬆、調侃的態度，歪曲、荒誕地解釋一個問題，將兩個表面上毫無關聯的東西連繫起來，造成一種不和諧、不合情理、出人意料的效果，從而產生幽默感。

一位妻子抱怨她的丈夫，說：「你看鄰居王先生，每次出門都要吻他的妻子，你就不能做到這一點嗎？」她丈夫說：「當然可以，不過目前我跟王太太還不太熟。」這位妻子的本意是要她的丈夫在每次出門前吻自己，而丈夫卻有意曲解為讓他吻王太太，這便產生了幽默。

當溝通遇到障礙時，可故意曲解對方的意思，擾亂對方的思考邏輯，讓別人因為這種突兀的表達方式而茫然，或產生錯誤的判斷，這樣一來，自己就可以藉機從容脫身，或是轉移焦點，化解壓力。

3. 說反話

說出來的話，所表達的意思與字面意思完全相反，就叫「說反話」。如字面上肯定，而意義上否定；或字面上否定，而意義上肯定。這也是產生幽默感的有效方法之一。

有一則宣傳戒菸的公益廣告，上面完全沒提到吸菸的害處，相反地卻列舉了吸菸的四大好處：一可省布料──因為吸菸易得肺病，導致駝背，身體萎縮，所以做衣服不用那麼多布料；二可防賊──抽菸的人常有氣管炎，通宵咳嗽不止，盜賊以為主人還沒睡，便不敢行竊；三可防蚊──濃烈的煙霧燻得蚊子受不了，只得遠遠地避開；四可永保青春──不等年老便已去世。

這裡提到的吸菸的四大好處，讓人們從笑聲中悟出其真正要說明的道理，即吸菸危害健康。

4. 巧妙解釋促成幽默

英國著名女作家阿嘉莎‧克莉斯蒂（Agatha Mary Clarissa Christie）與比她小13歲的考古學家馬克斯‧馬洛溫（Max Edgar Lucien Mallowan）結婚後，有人問她為什麼要嫁給馬克斯‧馬洛溫，她幽默地說：「對於任何女人來說，考古學家是最好的丈夫。因為，妻子越老，他就越愛她。」

這一巧妙的解釋，既體現了克莉斯蒂的幽默感，又說明了他們夫妻關係的和諧。

5. 使用模仿語言

模仿語言是指模仿現存的詞、名、篇、句式及語氣而創造出的新語言，是幽默方式中很常見的一種。其往往藉助於某種

1 幽默的影響力，讓成功更近一步

違背正常邏輯的想像和聯想，把原來的語言要素用於新的語言環境中，從而產生幽默感。

一位女教師在課堂上提問：「『不自由，毋寧死』這句話是誰說的？」過了一會，有人用不熟練的英語答道：「西元1775年，派翠克・亨利（Patrick Henry）說的。」

「對。同學們，剛回答問題的是日本學生，你們在美國長大卻回答不出來，多麼可憐啊！」

「把日本人做掉！」教室裡傳來一聲怪叫。女教師氣得滿臉通紅，問：「誰？這是誰說的？」沉默了一會，有人答道：「1945年，杜魯門（Harry S. Truman）總統說的。」

這位同學模仿老師的提問做了回答，從而產生了幽默效果。

總之，人們開玩笑時，應善意製造氣氛，促進彼此的感情交流，而不是惡意取笑，占對方便宜。開玩笑必須分清善惡，拿捏尺度。

幽默的談吐代表著人們開朗樂觀的個性，是一個人擁有聰明才智的象徵。當然，僅僅懂得了幽默的方法還不足以證明你已經具有了幽默細胞，就像有了毛筆卻不一定能成為書法家一樣，它還要求有較高的文化素養，關鍵在於運用。

好口才讓愛更甜蜜

有本書裡寫道:「當著心愛的男人,每個女人都有返老還童的絕技。」可見,愛情的力量的確偉大,科學不能解決的問題也不在話下。

說起愛的味道,也許大多數人會脫口而出:「甜蜜。」的確,愛情能讓人沉浸在無比的甜蜜當中,像是在生命裡加入了蜂蜜一般。

那我們如何在愛情裡加入些調味料,讓它變得更甜蜜呢?答案便是口才!口才是如何讓愛更甜蜜的?不要懷疑,答案就在下述文字中。

先從開始說起吧。好的開始是成功的一半,這話對於愛情也一樣管用。一開始的表白對於後來的發展尤為重要,怎樣表白才能成功呢?

一位青年和一位小姐彼此傾慕,但是都羞於表白。一天,兩人在田間相遇,小姐靈機一動,指著在花間飛舞的蝴蝶問青年:「你說為什麼只見蝴蝶戀花,不見花追蝴蝶呢?」青年瞬間明白了對方的意思,於是坦率地表達了對對方的愛慕之情。

這位小姐的雙關提示,語意婉轉、巧妙,既表達了完美的情意,又不丟臉,不留人口實。

有了好的開始,愛情便開始萌芽了。有一千個讀者,就有

1 幽默的影響力，讓成功更近一步

一千個哈姆雷特。愛情就如哈姆雷特一般，在每個人心裡別具樣貌。如下一些情況或許墜入愛河的人都遇到過。我們就談一談在愛情裡該添加些什麼調味料。

1. 鬥嘴是愛情語言中的糖

首先是鬥嘴，下面我們先看看《紅樓夢》裡這場經典的鬥嘴：

《紅樓夢》第十九回寫寶玉到黛玉房裡，見她睡在那裡，就去推她。黛玉只闔著眼，說道：「我不睏，只略歇歇兒，你且別處去鬧會子再來。」寶玉推他道：「我往哪裡去呢？見了別人就怪膩的。」

黛玉聽了，嗤的一聲笑道：「你既要在這裡，那邊去老老實實的坐著，我們說話兒。」寶玉道：「我也歪著。」黛玉道：「你就歪著。」寶玉道：「沒有枕頭，我們在一個枕頭上罷。」黛玉道：「放屁！外頭不是枕頭？拿一個來枕著。」寶玉看了一眼，回來笑道：「那個我不要，也不知是那個醃臢婆子的。」黛玉聽了，睜開眼起身，笑道：「真真你就是我命中的『魔星』！請枕這一個。」說著，將自己枕的推給寶玉，又起身將自己的再拿了一個來枕上。

這一段鬥嘴，就為搶一個枕頭，事很小，語言也都是很普通的日常用語，而且黛玉罵得毫不客氣，要是在一般關係的男

女之間,可能已經傷了和氣。但在戀人之間,打是情罵是愛,鬥嘴只是示愛的一種活潑而隨意的方式,所以寶玉和黛玉都沒有因鬥嘴而鬥氣,相反卻越鬥越親密。

女作家玄小佛在她的短篇小說《落夢》中,也描寫了戴成豪和谷湄這對戀人間的一段鬥嘴:

「我真不懂,你怎麼不能變得溫柔點。」

「我也真不懂,你怎麼不能變得溫和點。」

「好了……你缺乏柔,我缺乏和,綜合的說,我們的空氣一直缺少了柔和這玩意兒。」

「需要製造嗎?」

「你看呢?」

「隨便。」

「以後你能溫柔點就多溫柔點。」

「你能溫和些也請溫和些。」

「認識四年,我們吵了四年。」

「罪魁是戴成豪。」

「谷湄也有份。」

「起碼你比較該死,比較混蛋。」

不難看出,這對戀人,兩人彼此依賴、深深相愛,兩人也都具有獨立不羈的性格,誰都想改變對方,而誰又都改變不了

自己。然而,從兩人針鋒相對的話語裡,我們深刻感覺到他們彼此的寬容、彼此的相知,我們會很真切地感受到從他們的內心深處流溢而出的濃濃愛意。

2. 安慰讓愛更濃

也許女人天性多疑、情緒易變,所以作為男人,可以多說一些安慰、體貼的話,來緩和她的情緒。

當女人感覺到有人在背後支持她時,心情就會慢慢轉好,雙方可以度過短暫的低潮期。適當的話語很重要,千萬不能口不擇言、火上澆油。下面介紹一些比較具體的情況:

(1) 當女性心煩意亂時

她也許開始抱怨她的生活,這時只要傾聽她的抱怨,也不要不耐煩。等她說完她的抱怨後,男人也不需要幫她尋求解決方案,她真正需要的是安慰。

如果她說:「我沒時間出去,我有好多事要做。」

這時,男友不能說:「那就別做這麼多事,你應該好好休息,放鬆一下。」而只要說:「你真的有好多事要做。」

男友只需體諒地聽她細說每一件事後,問問是否需要幫助她,這就會令她感到寬慰。

(2) 當她擔心男友不夠愛自己時

她可能會開始問很多問題，不管是關於戀愛雙方之間的關係或是關於男友的感覺。這時候，男友也不需要為這些問題尋求理智的答案，她也許只是想確定男友是否還愛她。

如果她說：「你覺得我胖嗎？」

男友不能回答：「是啊，你沒有模特兒的身材，可是模特兒都是餓出來的。」或是「你不需要這麼苛求自己，我不在乎你的身材。」而是應該說：「我覺得你很美，而且我喜歡這樣的你。」然後給她一個擁抱。

如果她說：「你覺得我們相配嗎？你還愛我嗎？」

男友不該說：「我覺得還有些方面我們必須再溝通。」或是「你還要問幾次？這個話題我們已經討論過了。」而最好這樣說：「是啊，我好愛你。你是我生命中最特別的女人。」或是「我越了解你，就越愛你。」

(3) 當她覺得怨恨時

女人都希望自己的付出能有所回報，這樣她會更加努力。當她發現她付出的遠比她所獲得的要多，而且她心情正好又處於低潮期時，就會產生怨恨的感覺。她的怨恨對象有可能是她的伴侶、父母、工作、生活甚至是交通狀況或其他事情。男人在這時候千萬別指責她，說她想法太負面或不講理，也不要嘗試立即把她從這些情緒中拉出來。

1　幽默的影響力，讓成功更近一步

如果女友說：「我討厭我的主管，他對我要求得太多了。」

男友千萬別說：「他可能不知道你已經做了很多事了，他只是希望你能有最好的發揮。」或是「你應該告訴他你的工作量夠多了，直接拒絕他。」

男友可以說：「他不知道你做了這麼多事，他到底想怎樣？」然後繼續聽她抱怨。

如果一個女人因為某件事而產生怨恨的感覺，她最不希望的就是對方對這件事不屑一顧，反而還認為她小題大做。她需要的是把事情說出來，宣洩一下她的情緒，希望對方能跟她站在同一戰線上，這也就是親密關係的意義所在。

安慰的話要達到緩解精神壓力的作用，首先要重視對方情緒的不快，再以溫和的語言勸解，這樣，男女雙方的感情才會更加和諧。

3. 妙言應對小脾氣

男女之間因各自的心理特點發生衝突時，若僅僅站在異性的觀點上看問題，很可能會將對方的心理特點看成缺點，導致對方在你眼裡變得一無是處。然而，若以客觀的角度看，特點就是特點，並無優劣之分，問題就好解決了。

(1) 用「傾聽」和「沉默」應付無理取鬧

時常會有男性因女性的無理取鬧，自己百般勸解仍無法制

止而大傷腦筋。其實，應付這種場面的最好辦法就是傾聽。

當你開始傾聽時，女性可能說得更多。但你最正確的反應應該是「傾聽」、「沉默」。

這是一場「耐性比賽」？是的，沒錯。而這場「耐性比賽」的最終輸家，往往是女性。女性做任何事情的動機，感情的成分遠大於理性。在你傾聽和沉默以對時，她的頭腦會逐漸冷靜下來，會進行自我反省，會覺察到自己是無理取鬧，情緒發洩後也就好了。

(2) 用迂迴戰術應對難以回答的問題

「工作和我，哪一個對你重要？」男性最怕女性提出這類問題。

一個人的生活有許多個層面。工作和妻子對男性來說，屬於不同的生活層面，而這是無法加以比較的。

其中的道理，女性其實也知道，但她還是要問。與其說她是在詢問男性的選擇，不如說是在向男性抗議「你對我不夠好」。

女性提出這類帶有「胡鬧」色彩的問題，通常是處在情緒紛亂或情緒波動較大時，所以想純粹以道理去說服她，似乎也不太可能。這時，最佳的辦法反而是引導她暢所欲言，將內心感情表達出來。

等發洩過後，頭腦冷靜了，男性再對她說：「你當然對我很重要，正因為你很重要，所以我更要努力工作，開創我們美好

的未來。」以這種模稜兩可的說法暗示她,是一種機智的做法。

(3) 巧妙轉移話題,糾正似是而非

在男性眼裡,女性有些理論根本不是理論。比方「因為不要,所以不要。」、「不行,我提不起精神。」、「不是告訴過你不行了嘛,還要我怎麼說?」諸如此類無法應付的理論,男性往往覺得棘手。女性這類舉止,是心理學上所說的「退化現象」,即回到了心智發育尚未成熟的階段。小孩就凡事不以理智而以感情方式達到自己的欲求,所以常用哭的方式來表達自己的要求和拒絕厭惡的事情。

陷入這種情景中的女性,會重現幼兒以自我為中心的心理特性,這時,空洞地講理或進攻性的強硬姿態都不會奏效,甚至會使局面更僵。

消極的辦法是退一步耐心地靜靜等待,留給女性發洩感情的時間與空間。積極的辦法則是設法改變話題,或者改個談話場所,改變一下談話氣氛,有助於女性克服其心理障礙。日本作家太宰治的一篇小說中就有如下場面:男主角待女主角哭過之後,出其不意地拿出她最愛吃的甜羊羹,原先的緊張氣氛一下子消弭殆盡,兩人重歸於好。

日常生活中有許多東西具有甜羊羹的功效,只要運用得當,就能使女性爆發的情緒告一段落,緩和原本不知如何結束的尷尬場面。

懂得運用幽默，你才離目標更近

很多人都在討論：幽默到底是目的還是手段？無論如何，如果你把幽默當成目的，那麼讓人開懷一笑，你的目的便達到了；如果你把幽默當成手段，那麼好的幽默可以讓你更順利地達到目標。所以說，幽默可以讓你離目標更近。

在我們追求理想與目標的時候，我們總是想到要努力，踏踏實實地朝著目標前進。一旦機會降臨，我們便好好把握以實現自己的目標。但是，我們有沒有想過用一種更巧的方法來實現目標？這裡的巧，不是偷工減料，也不是投機取巧，而是適當的幽默和詼諧，這可以讓你更快地達到目標！

我記得曾經在書裡看到過這樣一個故事：

有位男士第一次去女友家吃飯，女友叮囑了許多注意事項，希望他能讓自己父母留下好的印象。這一天，女友父母準備了豐盛的飯菜款待男士，大家邊吃邊聊，氣氛十分融洽，女友的父母對男士也十分滿意。男士吃完第一碗飯，覺得肚子還沒飽，便要起身去添飯，但忽然想到女友的交代，便沒有起身，想等主人來添。不巧，女友和她母親正在做其他家事，而未來的老丈人正喝到興頭，話匣子也打開了，只顧拉著他說話，沒有留意他的碗已經空了。男士一時不知道該怎麼辦，自己去添，又有些失禮，不去添，肚子又不舒服。他一時左右為

1 幽默的影響力，讓成功更近一步

難，尷尬不已。

這時候，男士突然靈機一動，想出了個絕妙的方法。他趁著女友父親說話的空檔便插話問道：「伯父，我上次聽小婷說你們家打算裝修是嗎？」

「是啊，」老人家接著說道，「修的確是想修，你看現在這房子也舊了，的確是該大修一下了，只是……」說到這裡，老人家突然頓住了。

「只是什麼？」男士接著問道。

「現在的裝修師傅不好找啊，要是找到做事不認真的師傅，那修了也是白修。」

男士一聽，心裡偷偷開心起來，說到：「是啊，一定要請好的裝修師傅，不然做起事來像飯沒有吃飽一樣可不行啊！」

男士故意把「飯」字說得很重。女友父親聽到這裡，下意識地看了眼男士的飯碗，發現他的飯碗空了，便明白了他的意思，馬上叫女兒來幫他把飯添上。

男士可謂「轉危為安」，繼續和未來的老丈人天南地北地聊了起來。

這裡可以把男士的目標看作是添飯吃飽，但是種種巧合讓他身處困境。如果他只是等著，勢必餓著不舒服，所以他靈機一動，用這樣一種機智且幽默的方式，來解決自己的困境，達到自己的目的。

這裡男士用的方法便是「巧」。如果中規中矩地朝著自己的目標去努力，效果不一定好，並且在這種場合是行不通的。

有時候，我們也可以這樣，在朝著自己目標前進的時候，不妨就像故事裡的男士一樣用上一點幽默，如此你便會發現自己的目標更容易實現了。

用好口才這把萬能鑰匙

我們總是想在生活中尋找一種可以替我們解決許多問題的辦法，也就是說，在遇到不同問題時，我們只要使用這一方法，便能一勞永逸。

而幽默的口才，恰恰正是這樣一種方法。它就像一把萬能鑰匙，可以在生活中幫我們打開不同的鎖。無論是困擾你人際交往的交際之鎖，還是為你工作帶來麻煩的職場之鎖，我們只要恰當地使用自己的口才，便能在遇到這些問題時迎刃而解。下面這個故事中的主角阿凡提，就善用了這把萬能鑰匙。

有一個挑夫挑著擔子走在路上，餓得受不了，便在路旁的小店裡吃了一隻烤雞。當他打算付錢的時候，不料，店家竟要挑夫付超額的烤雞價格，理由是雞能生蛋，蛋能孵雞，這樣算起來，被挑夫吃掉的雞便十分值錢。他見挑夫身上錢不多，就將他告上官府。

1 幽默的影響力，讓成功更近一步

聰明的阿凡提得知緣由後，便主動去替挑夫打官司。他故意晚一些到官府。法官看他遲到了，很不開心地問原因。

阿凡提說道：「我明天就要種麥子了，可是我的種子還沒有炒熟呢！我急著在家裡把麥子炒熟了。」

法官罵他瘋了。

阿凡提平靜地說：「法官大人，既然炒熟的麥子不能當種子，難道烤熟的雞還能下蛋嗎？」

阿凡提還遇到過一件類似的事：

一個高利貸者向阿凡提借鐵鍬。阿凡提說：「真不巧，我的鐵鍬正在生小鐵鍬呢。」

高利貸者很是好奇：「鐵鍬怎能生小鐵鍬？」

阿凡提反唇相譏：「那你的銅錢怎麼能生錢子呢？」

在這兩個例子中，面對別人的惡意壓榨，阿凡提並沒有慌張，而是運用了自己的口才，巧妙地利用對方荒謬至極的邏輯去反擊對方。試想，如果阿凡提只是像普通人那樣去爭辯，結果很可能不如人意，正是由於他運用了口才這把萬能鑰匙，才迅速地解開了面前的問題。

19世紀德國的著名作家特奧多爾‧馮塔內（Theodor Fontane）也是十分幽默的人。當他在柏林當編輯時，收到一個青年作者寄來的稿件。他打開一看，是幾首沒有標點的詩，並在信中說：「我對標點向來不在乎，如果需要，請您自己填上。」

馮塔內很快將稿件退回,並附信說:「我對詩向來是不在乎的,下次請您寄些標點來,詩由我來寫就好了。」

也許,那個青年作者由於認知淺薄才犯下這樣的錯,馮塔內並沒有尖銳地指出他的錯誤。因為如果直指他的錯誤,可能會打擊這個年輕人的信心與寫作熱情。因此,馮塔內才用這樣的方式,既不傷害對方的信心,又委婉地點出了對方的錯誤。

也許很多人會覺得把口才說成萬能鑰匙有些誇大其辭,但是在我們的生活中,幽默的口才卻常常能扮演好這樣一個角色。就像上面的幾個例子,主角在面對近乎於鎖死的困境時,運用幽默的口才把這把鎖輕鬆地解開了。我們在生活中遇到的揶揄,在工作上遇到的刁難,又何嘗不像一把鎖住我們前進腳步的鎖,阻礙著我們的發展?很多時候,只要我們巧妙地運用幽默的口才,就不會被這樣的困境所絆住,依舊能邁開大步向著目標前進。

幽默的口才不僅能達到說明的作用,而且還能達到說服的作用——在別人明白你的意思之後,你的口才還能更順利地說服別人。不僅如此,在一些重要的場合,優秀的口才還能充分地控制眼前的形勢,讓別人的話順著你的方向說下去,這在社交場合裡是很重要的一項能力。談話節目裡的主持人總能很好地掌握節目內容的發展,即使出現一些突發情況也能輕鬆面對,就恰恰是這種能力的體現。

1 幽默的影響力,讓成功更近一步

我們經常只是在心裡羨慕甚至嫉妒別人有幽默的口才。其實,只要我們在生活中多留些心,多注意自己的表達方式,在話說出口之前多考慮,那麼我們也能像他人一樣,在困境中從容地拿出這把萬能鑰匙。

▌這樣說「不」才好聽

在生活中,我們一定會遇到周遭的人要求我們做某些事,而我們又可能因為許多原因無法答應他們。這個時候該怎麼辦呢?遷就地答應,必然為自己帶來許多麻煩,不答應,又不好意思拒絕。

這個時候你就需要運用智慧,幽默地向對方說「不」。讓我們先看看齊白石是怎麼做的:

有位位高權重的人過生日,派手下邀請齊白石前去赴宴作畫。齊白石並不欣賞他,但不去的話,自己的家人又會有危險,無奈之下只好前往。

齊白石來到宴會上,看了看周圍的客人們,他想了一會,忽然思路大開,喚人拿上紙墨,準備作畫。對方見此十分高興,心想:「像你齊白石這樣的畫家,也是得給我面子。」

轉眼之間,一隻水墨螃蟹躍然紙上,眾人讚不絕口,對方更是喜形於色。不料,齊白石並沒有停下,在畫上又題了一行

字——「橫行到幾時」,然後拂袖而去。

之後,又有一個討厭的人求畫,齊白石一口答應了下來,在紙上畫了一個塗著白鼻子、頭戴烏紗帽的不倒翁,還題了一首詩:

> 烏紗白扇儼然官,不倒原來泥半團,
> 將妝忽然來打破,渾身何處有心肝?

齊白石的拒絕別出一格、鏗鏘有力,讓對方無言以對。我們在生活中需要拒絕別人的時候,又該以怎樣的方式表達才合適呢?我們來看看幾種經常遇到的情況:

1. 拒絕異性的表白

當我們得到所期望的愛情時,內心會感到莫大的滿足和幸福,但當求愛的人不是自己喜愛的對象時,這種幸福就會變成苦惱。苦惱的根源在於我們既想拒絕表白,又不願傷了對方的心,尤其在對方與自己有深厚友誼時,這種苦惱就來得更為強烈。

然而,不管多麼困難,無法接受的感情還是要拒絕的,只是要選擇適當的方式。

(1) 借物喻人,委婉回絕

戀愛時抓住生活中一些特有的事物,讓它們富有喻意,也能收到四兩撥千斤之效,而回絕時應盡量婉轉些、謙遜些,讓

對方自知其意。

一個女士與男士第一次約會後,就婉言提出了不再見面的想法。沒料到第二天,男士竟找到女士的公司,提出再次約會的邀請。「我現在正忙於公司的事務,實在抽不出身,真對不起,我無法答應。」女士回覆道。

下班後,女士發現男士還在公司門口等她,於是買了一個泡泡糖拿給他,寒暄幾句後便匆忙告辭。這一舉動,使男士了解,知道女士是借泡泡糖的易破裂來比喻自己一廂情願的愛,只好罷手。

(2) 以幽默的方式表達拒絕

一位相貌美麗的女明星對愛爾蘭劇作家、小說家蕭伯納(George Bernard Shaw)說:「如果我們結婚,生下的孩子有你的頭腦、我的相貌,那該有多好!」

「不」,蕭伯納愁眉苦臉地說,「如果生下的孩子有我的相貌、你的頭腦,那該有多糟!」

蕭伯納是舉世公認的幽默大師,他的機智使遭到拒絕的人不那麼難堪,在詼諧中知難而退,這正是我們應該學習的。

許多難以啟齒的話,在不得不說出來的時候,必須找到最佳的方法來表達,否則不但達不到目的,還會使友情決裂且產生憎恨。最好的方法就是以幽默的方式表達,不但效果最好,也最不傷感情。

2. 巧妙對待無法完成的任務

(1) 同類相喻，委婉說「不」

當長官請你做一件你根本就做不到的事情時，如果你直言答覆自己做不到，可能會讓長官下不了臺。這時，你不妨說出一件與此類似的事情，讓長官意識到事情的難度，而後自動放棄這個要求。

戰國時期秦國的政治家甘羅的祖父甘茂是秦國的宰相。有一天，甘羅發現祖父在後花園走來走去，不停地唉聲嘆氣。

「祖父，您碰到什麼難事了？」甘羅問。

「唉，孩子呀，大王不知聽了誰的餿主意，硬要吃公雞下的蛋，命令滿朝文武想辦法去找，如果三天內找不到，大家都得受罰。」

「秦王太不講理了！」甘羅氣呼呼地說。他眼睛一眨，想了個主意，說：「不過，祖父您別急，我有辦法，明天我替您去上朝。」

第二天早上，甘羅真的代替祖父去上朝，他不慌不忙地走進宮殿，向秦王施禮。

秦王很不高興，說：「小孩子到這裡擾什麼亂！你祖父呢？」

甘羅說：「大王，我祖父今天來不了啦，他正在家生孩子呢，請我替他來上朝。」

秦王聽了哈哈大笑：「你這孩子，怎麼胡言亂語！男人家哪能生孩子？」

甘羅說：「既然大王知道男人不能生孩子，那公雞怎麼能下蛋呢？」

甘羅得體地指出了秦王所提要求的無理性，並讓秦王自己放棄了這個要求。

(2) 佯裝盡力，不了了之

當上司提出某種要求而你又無法滿足他時，設法造成你已盡全力的錯覺，讓他自動放棄要求，這也不失為一種好方法。

比如，當上司提出無理的要求後，就可採取下列措施。你可以先答覆：「您的建議我懂了，請放心，我保證全力以赴去做。」過幾天，你再彙報：「這幾天×××因急事出差，等下星期回來，我再立即向他報告。」又過幾天，你再告訴上司：「您的要求我已轉告×××了，他答應在公司會議上認真地進行討論。」儘管事情最後不了了之，但因為你已造成了「盡力而為」的假象，所以不會讓他留下不好的印象，他也不會因此而怪罪你。

一般情況下，人們對自己提出的要求總是念念不忘，但如果長時間得不到適當的回應，就會認為對方不重視自己的要求，反感、不滿情緒由此而生。相反，即使不能滿足上司的要求，只要能做出已盡力的樣子，對方就不會抱怨，甚至會對你

心存感激，主動撤回使你為難的要求。

(3) 引用名人名言、俗語或諺語

在拒絕別人的時候，引用名人名言、俗語或諺語等來作答，以表明自己的態度，或加強自己的觀點，既增加了說話的權威性與可信度，又省去了許多解釋和說明，還能增添口語的生動性與感染力。

漢光武帝劉秀的姐姐湖陽公主守寡後，光武帝想為姐姐再謀夫婿，便看中了朝中品貌兼優的宋弘。一次，光武帝召來宋弘，以言相探：「俗話說，人地位高了，就把原來的朋友換掉；人富貴了，就把妻子換掉。這是人之常情嗎？」

宋弘答道：「我聽說『貧賤之交不可忘，糟糠之妻不下堂』（意思是：人不能忘記在生活貧困、地位低下時候的朋友，不能讓最初的結髮妻子離開身邊）。」

宋弘自然深知光武帝問話之意，應允吧，有違自己的原則，也對不起貧賤相扶的妻子；含糊其辭吧，可能會招來麻煩；直言相告吧，既不得體，又有冒犯龍顏之患。在這進退兩難之際，他引用古語來表態，委婉而又直截了當地表明了自己的態度。

3. 面對家人和朋友，無須遮掩

如果是朋友或者家人，也不需要太多的遮遮掩掩。比如，你要拒絕你的好朋友，你可以先答應下來，然後旁敲側擊地告訴

1 幽默的影響力，讓成功更近一步

他你自己的困難和麻煩。如果真是好朋友的話，對方一定會理解你的苦衷，自然也會收回自己的請求了。

幽默點綴對話，讓溝通更輕鬆有趣

人生如河，思想似水。所以，有溝才能通。在你和他人之間挖出一道溝，讓你們的思想之水充分交流，而幽默則是一把很好的鋤頭，讓你時刻把這道溝整理得暢通無阻。

2 幽默點綴對話，讓溝通更輕鬆有趣

▌失言是誤會之母

我們每個人都遇到過說錯話的情況。話說，古時有個人請客，他其實心地善良，但偏偏有些囉唆。這日，他看看約定的時間馬上就到了，卻還有一大半的客人沒來，心裡很著急，隨口說道：「怎麼搞的，該來的客人還沒來？」一些客人聽了，心裡很不是滋味：「該來的沒來，難道我們是不該來的嗎？」於是，這些客人招呼也不打就走了。

主人一看走了好幾位客人，越發地急了，更是口不擇言，說道：「怎麼這些不該走的客人，反倒走了呢？」剩下的客人一聽，一個個臉色難看，心想：「走了的是不該走的，那我們這些沒走的倒是該走的了！」於是，剩下的客人大都也走了。

最後只剩下一個跟主人交往甚密的朋友，看到這種尷尬的場面，就勸他說：「你說話前應該先考慮一下，否則說錯了，造成不好的誤會，就不容易收回來了。」主人頓覺冤枉，急忙解釋說：「我並不是想叫他們走啊！」這個朋友聽了，很是憤怒，說：「不是叫他們走，那就是叫我走了！」說完，他氣呼呼地也離開了。

這就是個失言的典型例子，主人只是心急客人怎麼還沒來，不料一再說錯話，將場面弄得尷尬不已。

失言的情況有很多種，有時興起，大說特說，難免說錯，

這屬於言多必失;有的時候我們對所遇到的情況評估錯誤,開口就錯,甚至多說多錯,這屬於沒有審時度勢;更多的時候,我們說話不考慮後果,開口就說,這便是有口無心。不管怎樣,說錯話的結果都會造成無比尷尬的場面,輕則不能讓人正確理解自己的意思,重則讓對方產生很大的誤會。

話說錯了就要及時改正,就像做錯了事一樣。說錯了話絕對不能放著不管,不然就像米粒黏在臉上一樣,讓我們尷尬不已。如何挽救錯誤需要智慧和技巧,置之不理則是最不可取,尷尬不但不會憑空消失,還會不斷發酵。倘若了解到錯誤後一味的對不起或抱歉,雖有效果,仍會因過於簡略而大打折扣。所以,如何彌補自己所說錯的話,則需要發揮我們的幽默才能。

《笑林廣記》中有這麼一則笑話:

一縣官拜見欽差大臣,談完公事以後,欽差大臣問:「聽說貴縣有猴子,不知都有多大?」

縣官回答:「大的有大人那麼大。」縣官自覺失言,趕忙補充說:「小的有奴才那麼大。」

在這裡,這位縣官憑著自己的機智化解了失言帶來的尷尬。當他說出「大的有大人那麼大」時,馬上意識到了自己的錯誤,於是話鋒一轉,立刻來了一句「小的有奴才那麼大」,適時地開了自己一個玩笑,既顧全了欽差大臣的面子,也化解了自己的尷尬,可謂「一舉兩得」。

而美國前總統布希（George Walker Bush），也經常失言。

英國女王訪美期間，時任美國總統布希在白宮南草坪上為來訪的英國女王伊麗莎白二世及王夫菲利普親王舉行了隆重的歡迎儀式。

歡迎儀式包括 21 響禮炮和樂隊演奏兩國國歌，有駐美外交官、美國國會議員在內的 7,000 多名貴賓參加了歡迎儀式。

布希在致辭時，回顧了伊麗莎白二世女王在位期間為發展英美兩國關係所做的貢獻，而一向以「口誤」出名的布希在演講時再次發生口誤，竟差點稱伊麗莎白二世女王在西元 1776 年訪問過美國，讓女王的年齡陡然多了兩百歲。

布希在演講中談到英國女王之前的訪美之行時說：「美國人民自豪地歡迎女王陛下訪問美國 —— 這個您熟悉的國度。您曾經和 10 位美國總統共進過晚餐，您還參加了美國獨立兩百週年紀念儀式，那是在 17⋯⋯嗯，是 1976 年。」

儘管布希及時發現口誤並迅速改了過來，但這個口誤仍然沒有逃過現場貴賓的耳朵，觀眾席中頓時爆出笑聲。

布希回頭頑皮地向女王眨了一下眼睛，女王則冷淡地回看了一眼布希，臉上沒有流露出任何表情。

急於掩飾窘境的布希又開起了玩笑。他對觀眾自我解嘲說：「她（女王）剛才看我的眼神，就像是一位母親在看自己（犯錯）的孩子一樣。」

觀眾席中發出了更響的笑聲，女王也終於露出了笑容。

在如此高規格的外交場合上，布希卻因為口誤險些淪為笑柄，可見布希自己也十分尷尬。在向女王俏皮地眨了眨眼卻只得到女王的冷眼後，他便發揮了自己的幽默才華。順著當前的形勢來了句「她（女王）剛才看我的眼神，就像是一位母親在看自己（犯錯）的孩子一樣」，誠懇但不失俏皮地承認了自己的錯，也獲得了女王及在場貴賓的諒解。

想要評價不錯，先幽自己一默

自嘲是一種精神，這種精神能使人有著更輕鬆的生活態度，不再去患得患失、錙銖必較。

一位著名主持人在採訪中說到自己的某次經歷。那次，她應邀去主持晚會，演出中途，在報幕退場的時候由於燈光有些暗，她看不清面前的臺階，雖然已經很小心了，但她還是被絆了一下，大概是穿旗袍和高跟鞋的緣故，身體瞬間失去平衡，「撲通」一聲，著著實實地摔了一跤，順臺階滾了下去。這個洋相出得可不算小，全場頓時噓聲四起，一片譁然。在這令人極為尷尬的情形下，只見她不慌不忙地站起來，帶著她那招牌式的笑容對觀眾說：「真是『人有失足，馬有失蹄』呀！我剛才的『獅子滾繡球』節目演得還不夠熟練吧！看來，這演出的臺階不那麼好下

2 幽默點綴對話，讓溝通更輕鬆有趣

呢，但臺上的節目會很精彩的。」臺下頓時爆發出熱烈的掌聲。

她此刻的自嘲真是恰到好處，雖然自己的錯誤在觀眾面前出了洋相，但她並沒有在此刻去計較自己的形象，而是用一種自我嘲笑的方式讓自己擺脫了窘境，這種大度的表現，恰恰也讓他人看到了她的豁達和坦誠。

我們常常會遇到這樣的人，如害怕病魔般拒絕著自嘲，認為這會損害形象，與他們的生活目標相違背。其實恰恰相反，自嘲不是妄自菲薄，更不是自取其辱，適當的自嘲不僅能改變困境，更能體現出自信，它可以讓我們在身處困境時順利地有臺階可下。一個勇於開自己玩笑的人才有資格去開別人的玩笑，如果在面對一些自身原因造成的缺陷時，遮遮掩掩反而會欲蓋彌彰，只有大方地去承認和面對，才越發地顯示出你的自信。

民國 60 年代，一名桌球運動員曾在一次很有影響力的關於桌球的訪問中，指著自己臉上的痣略帶調侃地說：「大家常說我打球時是『智多星』，其實我只不過是臉上多了幾顆痣而已。」這種把別人的讚揚和自己的缺點連繫起來的做法，不禁讓人拍手叫好。正是這樣的自嘲，不僅沒有讓缺點在遮遮掩掩中被放大，反而呈現出一種以自信的姿態去面對缺點的態度。

有的時候，自嘲可以把自己的真實處境說出來，讓聽者更好地了解自己的處境。二戰歷史上有這樣一個故事：

二戰期間，處於困境中的英國首相邱吉爾（Winston Churchill）

來到美國華盛頓會見羅斯福（Franklin Delano Roosevelt），請求美國對英國給予物資援助，以便共同抵抗法西斯德國的「鐵蹄」。邱吉爾受到熱情的接待，被安排住進白宮。第二天早上，邱吉爾躺在浴盆裡邊享受著溫水浴邊抽著他那特大號的雪茄菸時，門開了，進來的正是美國總統羅斯福。羅斯福看到邱吉爾那露出水面的肚子及微微發福的身體，覺得非常尷尬。不料，邱吉爾扔掉菸頭，不慌不忙地說道：「總統先生，我這個大英王國的首相在您的面前，可是一點也沒有隱瞞。」兩人都笑了，似乎一切問題也都在這善意的笑聲中解決了。此後，談判進行得異常的順利，英國從美國那裡得到了他們想要的援助。

說到這次談判的成功，應該得益於邱吉爾在浴缸中的那句自嘲。正是那句自嘲，不僅說出了他本人當時的窘境，也道出了當時英國在戰爭中捉襟見肘的處境。他這樣一句善意的自嘲，不僅化解了當時的尷尬，也讓美國總統了解了他內心的想法，之後的談判，自然變得更加容易了。

一個勇於自嘲的人，才是真正了解自己缺點的人。勇於自嘲，正說明了你的自信，一種勇於把缺點展露出來的自信。只有這樣的人，才能在生活中更好地體現自己的價值。

2 幽默點綴對話，讓溝通更輕鬆有趣

▎用幽默為溝通加點料

溝通是人與人之間、人與群體之間思想與感情的傳遞和回饋的過程，以求思想達成一致、感情交流順暢，可見溝通是思想活動。

有人說，人生如河，思想似水。溝通溝通，有溝才能通，在你和他人之間挖出一道溝，讓你們的思想之水充分交流，而幽默則是一把很好的鋤頭，讓你時刻把這道溝整理得暢通無阻。

每個人都有自己的成長背景，這背景經常成為相互交流的障礙，想要與別人順利地交流，就必須突破這些阻礙。你可以運用幽默這把「鋤頭」，將這些阻礙化解於無形當中。讓我們來看看法國著名的哲學家伏爾泰（Voltaire）是怎麼做的：

西元 1727 年，英法戰爭爆發，伏爾泰正好在英國旅行，結果被憤怒的英國人認出，落在了他們手裡。

「把他吊起來，給他最嚴厲的處罰！把他吊起來，給他最嚴厲的處罰！」人們憤怒地喊著。

伏爾泰被抓起來，人們彷彿被憤怒吞食了理智般，不由分說地把他帶上了絞刑臺。這時，他的一位英國朋友聞訊而來，看到這樣的情景，大聲喊叫著：「他是學者，只研究學問，從不關心政治，不能把他處死啊！」

「但他是法國人！」憤怒的那群人中有人吼道，「是法國人就

該死！」、「對，法國人就應該被處死。」人群中很多人附和著，情緒更加激動。

在這危難的時候，伏爾泰平靜地舉起雙手，說道：「既然你們馬上就要處死我了，能不能讓我這個馬上就要見上帝的人說幾句話？」

大家安靜下來，想要聽聽他到底要說什麼。「尊敬的各位英國朋友！」伏爾泰對著群眾深深地鞠了個躬，「你們要處死我，只因為我是法國人，但是你們有沒有想過，我生為你們眼中卑鄙的法國人，卻不能生為像你們一樣高貴的英國人，僅就這件事而言，對我的懲罰還不夠嗎？」

英國人忍不住笑了出來，最後，他們釋放了伏爾泰。

英國人出於強烈的民族情緒，殘忍地要處死伏爾泰，聞訊趕來的朋友勸阻無效，還險些火上加油，而這時，身處險境的伏爾泰沒有慌張，而是用機智的語言為自己脫險，和在場的英國人做了一次很好的交流，最後讓英國人釋放了自己。

很多人都想成為一個善於交流的人，不再只是羨慕別人的幽默談吐。其實，這很容易做到。要想順利和別人交流，首先說話要有自己幽默的表達方式，所謂「出口成趣」，就是說起話來左右逢源、談笑風生，不管在什麼情況下都能出口成章。所以，要想提高你的溝通能力，首先要學會說話有趣。

幽默風趣是人和人溝通中的「潤滑劑」，不僅可以拉近彼此

之間的距離，還能讓你們的溝通更順暢。擁有了幽默的溝通能力，不僅能讓你談吐自如，還能讓你的生活更輕鬆，使你和周圍的人之間始終處在一種和睦愉快的氣氛中，這樣充滿歡笑的生活，正是很多人所嚮往的。

有一點需要提醒的是，幽默並不是簡單和膚淺地揶揄，而是睿智和靈感的閃光，它可以擊碎人們之間的隔閡，縮短人與人之間的距離，讓你和周圍的人更靠近，能有更充分的了解。這樣在別人眼中，你的幽默儼然已成為一種個性，一種智慧，一種你所特有的品味。

夫妻矛盾巧化解

夫妻之間，吵架是很難避免的，應該視為正常現象，不必過度驚慌。

夫妻兩人，不僅性別不同，性格、觀念、習慣等亦互有差異。戀愛時，彼此還有機會掩飾，結了婚，朝夕相處，互動頻繁，大大小小的衝突是無法避免的。面對這些衝突時，若是大驚小怪，以為有了爭執就表示兩個人不適合在一起，則是一種錯誤的想法。

俗話說，床頭吵，床尾和。可見，夫妻間的吵架並不是什麼大不了的事。「打是情，罵是愛」則更直白地說明了吵架正是

愛和在乎的表現。夫妻間最重要的是有了衝突後要學會如何去化解，處理得好，爭吵只是在平靜生活中激起的漣漪，使雙方更加了解和體諒。不管吵得多麼厲害，只要不想恩斷義絕，和好就是彼此要走的「路」。怎麼從「唇槍舌戰」做到「握手言和」呢？下面則列舉了幾種簡單而有效的方法：

1. 遇河搭橋

遇河搭橋即讓孩子做和好的「橋梁」。夫妻冷戰後，彼此不說話，會陷入尷尬場面，當需要和對方說話但又要不失面子時，可以對孩子說：「叫你爸爸（媽媽）吃飯。」而另一方應該大方一些，馬上去拿碗和筷子。在吃飯的過程中，一方要故意說些生活中的趣事給孩子聽，緩和當場的氣氛，使空氣不再沉悶，幾次下來，夫妻之間的「冰山」就會慢慢消融。

2. 藉機行事

孩子不在，或者還沒有可以做「橋」的孩子，怎麼辦？礙於面子又不想和對方說話，這時最好的辦法就是用手機傳簡訊或打電話代替當面說話。這種側面淡淡的關懷，讓對方感覺你仍關心他（她），同時也給對方一個臺階。

3. 以寫代說

一位公司職員在跟太太吵架後，總是故意工作很晚才回家，太太想和好，但找不到適當的機會跟丈夫說話。後來，太太想了一個妙法，在餐桌上留了一張字條，上面寫著：「雞在烤箱裡，啤酒在冰箱裡，麵包在餐桌上，我在床上。」

看到這些話，丈夫再怎麼倔強嘔氣，也會心有所動，畢竟是夫妻啊。所以，有時不願用嘴說或沒機會說的，都可以用手來「說」，效果絕對不一樣。

4. 釜底抽薪

爭執中，如果一方已經意識到了自己的錯誤，那麼另一方應該克制自己少說話。最好，兩個人先默默地做自己的事情，等過一陣子心情平靜了，男人可以主動和太太說：「早點睡覺吧，明天還要上班呢！」女人也可以回說：「我今天心情不好，對不起了。」夫妻沒有隔夜仇，「床頭吵架床尾和」，火不大時，再進一步抽掉「薪」，夫妻自然和好。

5. 進入角色

一個人只有樹立了高度的社會責任感和家庭責任感，了解自己肩負著對社會和家庭的責任，保持一顆平常心，把個人的身分、名望、榮譽和名利得失看得淡一些，排除優越感和特殊

感,把自己視為一個平凡、普通的人,及時轉換角色,才能使人感到親切、自然、可敬、可愛、可親。

據說,英國女王維多利亞(Queen Victoria)有一次和丈夫阿爾伯特親王(Albert)因生活瑣事爭吵不休,丈夫一氣之下,把自己關在房子裡,閉門不出,誓言要和女王斷絕關係。事後,女王有些後悔,想主動和好,於是便去敲門。

丈夫在屋裡問:「誰?」女王答道:「我是女王。」門不但沒有開,屋裡連一點聲音也沒有。這時,聰明的女王立即轉換了角色,改變了態度,丟掉「女王」這個角色,用溫和的聲音和口吻說:「親愛的,對不起,我是您寵愛的妻子。」這下門開了,衝突迎刃而解,夫妻和好如初。

6. 直言和解

如果雙方的衝突並不大,只是偶然出現摩擦,一方可以直接打破沉默,比如說「好了,過去的事就讓它過去吧,不要再賭氣了」,說不定對方會有所回應,言歸於好。

一方也可以假裝把所有的不愉快都忘掉,像什麼事也沒有發生似的,主動與另一方說話,對方若也順水推舟,便可打破僵局。例如,上班前,丈夫突然向還在生氣的妻子問:「我的公事包呢?」見丈夫沒有記仇,妻子也不好意思不理睬,應聲道:「不是在衣櫃上嗎?」這樣就打破了僵局。

7. 明確地表達自己的意見

嘮叨和正式提出意見是不同的，向配偶正式提出意見是使對方明確地知道自己的不滿，從而進行修正；而嘮叨則主要是一種情緒宣洩，不會產生好的效果。有的人只是一味為了配偶做無謂的遷就，並不把自己的不滿明確告訴對方，而事後再嘮叨、抱怨，反而使事情更加複雜化。

有一位丈夫二十年來一直耐著性子聽妻子嘮叨，有一天他終於忍無可忍，一本正經地對妻子說：「你聽著，我下班回來很累，需要休息，然後我才有興趣聽你嘮叨，我已經忍了二十年了！」妻子聽了十分驚訝地說：「你忍了二十年了？我真不知道你是太客氣還是太笨，連句話都不會說。你要先休息一下，就休息好了，但你為什麼不說呢？」

是啊，如果這位丈夫早點明確表達自己的意見，也許這個問題早已解決了。再如，丈夫不夠尊重妻子，甚至在朋友面前使妻子難堪，如果妻子當時忍讓，事後再發牢騷，就會於事無補。更好的辦法是，她應該在丈夫當著朋友的面使她難堪時，冷靜而堅決地對丈夫說：「你不該說這種沒有禮貌的話，我想朋友們也和我同樣不安。如果你有什麼對我不滿意，可以回家再說。」

如果丈夫還是沒有改變態度，妻子可以理直氣壯地對他說：「我已經提醒你不要這樣無禮了，我不願意在朋友面前和你爭

吵，但是我無法容忍你的行為。」妻子一次兩次明確地表明自己的態度來抵制丈夫的不良行為，丈夫最終會做出改變。

8. 認錯求和

如果一方意識到發生爭執的主要責任在自己，就應主動向對方認錯，請求諒解，如「好啦，這事是我不好，以後一定會注意。我考慮不周，責任在我，我認錯，你就不要生氣了，氣出病來，可不划算！」對方聽了，一腔怒火也許就會煙消雲散。

退一步說，即使錯誤不在自己一方，也可以主動承擔責任。

9. 幽默和解

開個玩笑是打破僵局的最佳方式，如「我說，你看世界上的冷戰都結束了，我們家的冷戰是不是也可以鬆動一下？」、「你的臉那麼臭幹嘛！天有陰晴，月有圓缺，半月過去了，月也該圓了吧！」對方聽了多半會「多雲轉晴」。

總之，只要一方能針對爭執的具體情況，採取相應的溝通方式，巧用言語，就可以盡快打破僵局，恢復家庭往日的歡樂與和諧氣氛。

2 幽默點綴對話，讓溝通更輕鬆有趣

▎讓自己的話「熱」起來

在許多文藝作品中，我們常常可以感受到前後語境上存在的巨大落差所帶來的「笑果」。俗話說，藝術來源於生活。生活中，這樣的表達方式也能達到很好的效果，請讓你的話「熱」起來。

漢斯-迪特里希·根舍（Hans-Dietrich Genscher）是德國著名的政治家、法學家，在西元 1974 年至 1992 年期間擔任外交部長，並多次訪問中國。有一次，他在和當時中國外交部長會談後的記者會上說：「我認為這次討論是有成果的，我只對一點感到失望。」在場的人聽到這裡無不心頭一顫，等著他說出下文，根舍停頓了一下接著說道：「我感到失望的是，根本沒有一個問題是我跟我的中國同事可以為之爭論的。」在場所有人鬆了一口氣的同時，也為根舍的才智暗暗叫好。

其實在這裡可以看出，根舍自己也為能和中國外交部長的意見十分一致而感到高興，但他一改常規，以這樣一種前後存在巨大落差的方式來表達，既貼切地說出了自己的想法，又表現了作為外交部長應該有的睿智。

我們通常參加的只是幾個好朋友間的聚會、公司同事間的閒聊，以及家人朋友間的寒暄，但是這樣的場合，我們也可以稍加修飾，讓自己的話「熱」起來。方法有很多，我們可以像根

舍那樣故意製造反差，讓人意想不到；我們也可以另闢蹊徑，讓自己的語句委婉卻又能準確地描述當下的境地。有一次我在參加同事的婚禮時，新郎敬酒不小心把酒灑在了新娘的頭上，場面很是尷尬，大家都不知道怎麼化解眼前的冷場。這時，機靈的小王站起來說：「讓我們為新娘的幸福從『頭』再來乾一杯！」頓時滿堂喝采，這對新人臉上也洋溢著幸福的微笑。

我們在遇到這樣表現自己機會的時候，一定要在語言上好好地表現自己，讓自己說的話、講的故事在結尾時能讓人大呼「意想不到」。除了結尾時的出人意料外，在講故事的過程中，我們還應該注意一些問題：

1. 分析故事中的人物

故事的情節和主題大都是透過人物的語言、行為表現出來的，所以我們在講故事以前就要先研究人物的性格特徵，以及人物之間的關係。比如，我們要講《國王的新衣》這個童話故事時就要分析其中幾個人物的性格，然後把國王的愚蠢無知，騙子的狡詐陰險，大臣的阿諛奉承、不分是非，乃至小孩的天真無邪都用語言表現出來，這將是一項十分艱鉅的工作。

2. 掌握故事的語言特點

故事的語言不同於其他文學形式的語言，其最大的特點是口語性強、個性化強。所以，當我們拿到一份資料的時候，不

要馬上就開始練習，而要先把內容改造一下，改成適合我們講的故事。

3. 反覆練講

對內容做了以上的分析、加工後，我們就可以開始練習，透過反覆練習熟悉內容，將自己的感情與故事中人物的感情相融合。

過程的用心準備，加上結尾時的出人意料，定能博得聽眾會心一笑，整個氣氛也會被帶動得熱烈起來，我們的目的就達到了。

遇見摩擦，不妨說說好話

大的爭執起自於小摩擦，小到人與人之間的爭執，大到國家之間的戰爭。比如，著名的宏都拉斯和薩爾瓦多之間的戰爭，就是由於足球迷間的衝突而引起的。儘管這場富有戲劇性的戰爭僅僅持續了 100 多個小時，但雙方總計死亡人數竟將近 4,000 人，經濟損失超過 5,000 萬美元。兩國的武力衝突也對周邊地區產生了極大的影響，迫使中美洲共同市場陷入癱瘓，雙方的貿易完全中斷，邊境衝突不斷，航空交通也中斷 10 年之久。

這或許聽起來很好笑，兩國之間的戰爭在旁人看來像是有著深仇大恨，以至於大動干戈。事實上，這場戰爭只是開始於一群球迷的騷亂，的確讓人跌破眼鏡。

仔細想想，我們周圍的爭執和衝突，也都是從一些小摩擦開始的，由於這些小問題處理不當，才會造成更大的衝突。

因此，當這些小摩擦出現的時候，我們就應該認真看待，不要等到事情無法收拾的時候才魯莽地去面對，尤其是當一些可能引發衝突的情況發生時，我們應立即採取智慧的方法去化解，防患於未然。

在清代小石道人編寫的《嘻談錄》中有一則〈恭喜也罷〉的故事，也許可以給我們很好的啟發：

有3個鄰居同住在一個院子裡，住在左右兩側的人家正巧都生了小孩，院子裡洋溢著喜慶的氣氛。

這日，住在中間的那戶人問左邊的鄰居：「你家生了什麼？」

左邊的鄰居回答說：「生了兒子。」

這人說道：「恭喜。」

接著他又問右邊的鄰居：「你家又是生了什麼呢？」

右邊的鄰居回答說：「生了女兒。」

這人說：「也罷。」

2 幽默點綴對話，讓溝通更輕鬆有趣

右邊的鄰居聽到後覺得沒有面子，不開心地說道：「人家生了兒子，你說『恭喜』，我家生了女兒，你卻說『也罷』，未免也太勢利了吧。」

這人自覺失言但一時也不知道如何彌補，對方此時已經怒不可遏了。正巧外面鑼鼓聲響起，原來是一個官太太從這裡經過，於是這人用手一指告訴鄰居：「你看那不是4個『恭喜』抬著1個『也罷』來了？」巧妙地化解了對方的怒氣。

正如這個故事所說，如果這個時候已經出現了衝突的苗頭卻還不及時地去化解，一場鄰里之間的衝突不可避免。幸好這人聰明地一轉，巧妙地化解了這場摩擦。

英國作家狄更斯（Charles John Huffam Dickens）也遇到過類似的事情。有一天，他正在湖邊釣魚，這時，一個陌生人走到他面前問：「怎麼啦，你在釣魚？」

「是啊，」狄更斯毫不遲疑地回答，「今天運氣不好，釣了半天，一條魚也沒有釣到，不像昨天，也是在這個湖邊，卻釣到了15條魚！」

「是嗎？」陌生人笑著問道，「那你知道我是誰嗎？你看看那邊的牌子。」狄更斯往他指的方向看去，一個牌子上寫著「禁止釣魚」。

「我是專門檢查釣魚的。」那人接著說道，從口袋裡掏出一個本子，準備開罰單。見此情景，狄更斯急中生智，連忙反問：

「那麼,你知道我是誰嗎?」

那人一臉疑惑,顯然不認識他,狄更斯笑著說道:「我是作家狄更斯,你不能開我的罰單,因為虛構故事是我的職業。」多數人碰到這樣的情況,都會認為一場爭吵在所難免了,遇到脾氣暴躁的,拳腳相加都有可能,而這個時候耍耍嘴皮子,讓拳頭歇一歇,何樂而不為呢?

言語幽默好處多

討論幽默口才的優點似乎是老調重彈,但它們在生活裡的作用的確無可比擬。在這本書裡,我將陸續談到幽默口才的作用。以下幾點先與各位分享!

1. 幽默可促進身心健康

蘊藏著人生哲理、充滿著妙趣的幽默,可令人樂觀、心情愉快、意志堅定、消除疲勞、集中注意力,甚至還可培養人們高雅的情趣。

有一天,著名詩人海涅(Christian Johann Heinrich Heine)正在創作,突然有人敲門,原來是僕人送來一件包裹,寄件人是海涅的朋友梅厄先生。海涅本來就因寫作而感到有些疲憊,又因被人打斷了寫作思路,所以顯得很不高興。他不耐煩地打開

包裹，撕了一層又一層，終於拿出一張小小的紙條，只見小紙條上寫著短短的幾句話：「親愛的海涅，我健康而又快活！衷心地致以問候，你的梅厄。」

海涅被朋友的玩笑逗得開心地笑了，疲憊感也隨即消失。他調整情緒後，決定對他的朋友也開一個玩笑。

過了幾天，梅厄先生收到了海涅寄來的一件包裹。包裹非常重，以至於他無法把它帶回家，他只好僱了一名幫手幫他扛回家。到家後，梅厄打開了沉重的包裹，驚訝地發現裡面居然是一塊大石頭，石頭上有一張紙條，上面寫著：「親愛的梅厄！看了你的信，知道你又健康又快活，我心上的這塊大石終於落地了！我把它寄送給你，以永遠紀念我對你的愛。」

2. 幽默能帶來友善的人際關係

友善的幽默能表達人與人之間的真誠、友愛，拉近人與人之間的距離，是和他人建立良好關係不可缺少的媒介，尤其是當一個人要表達內心的不滿時，若能使用幽默的語言，別人聽起來會順耳一些。當一個人需要把別人的態度從否定變為肯定時，幽默則具有很強的說服力；當一個人和他人關係緊張時，幽默也可以使雙方從容地擺脫窘境或消除芥蒂。

一天，愛爾蘭劇作家、小說家蕭伯納在街上行走時，被一個騎腳踏車的冒失鬼撞倒在地，幸好只是虛驚一場，並沒有受

傷。騎車的人急忙扶起他,連連道歉,可是蕭伯納卻惋惜地說:「先生,你的運氣真不好,要是把我撞死了,你就可以名揚四海啦!」

一個很棘手的問題,被蕭伯納處理得極其巧妙,從而避免了不愉快的爭執。

3. 幽默具有自我激勵的作用

從幽默中汲取力量,可以增加我們應對困難的勇氣,擺脫種種煩惱。不懂幽默的人,很難懂得如何調整情緒,導致其所遇到的困難越多,情緒也越容易起伏不定。

美國發明家愛迪生(Thomas Alva Edison)致力於研發白熾燈泡時,有一個缺乏想像力又毫無幽默感的人取笑他說:「先生,你已經失敗了 1,200 次啦!」愛迪生回答說:「我的成功之處就在於發現了 1,200 種材料不適合做燈絲!」說完,他自己縱聲大笑起來。

這句妙語後來舉世皆知。愛迪生以笑容和幽默面對困難重重的科學發明工作,不斷激勵自己,既不為失敗而憂心忡忡,也不為世人的諷刺挖苦而感到焦慮、困惑,最終發揮出了卓絕的創造力。

4. 幽默讓人急中生智、化解困境

幽默可以讓人急中生智、化解困境，或者從危險的境地中脫身，創造性地、完美地解決問題。

有一天，德國作家歌德在公園裡散步。在一條只能通過一個人的小徑上，迎面而來的是一位曾經尖銳批評過他的作品的評論家。這位評論家高聲喊道：「我從來不讓路給傻子！」

「而我則正好相反！」歌德一邊說，一邊滿面笑容地站到了一旁。

當你遇到急迫而又棘手的問題時，懂得隨機應變，使用恰到好處的一句幽默的話，能令你立於不敗之地。

這樣推銷才有效

推銷員的口才非常重要，某個推銷員向我們推銷產品時，他的口才經常是決定他能否成功的關鍵。如果我們願意花錢買下他的產品，多半是被他的言語所打動。

多數人講究「謙虛」，對「毛遂自薦」印象不佳，所以，推銷員主動推銷這種行為很難得到別人的好感。想要成功，則需要在口才上多加琢磨。

在這裡說一說推銷中應該注意的一些技巧：

1. 以退為進的推銷語言

當業務員聆聽完顧客的購買意見後，可以用「是的，但是」或「是的，不過」來回應，這種方法又叫「迂迴否定法」。它先肯定對方的意見，然後再提出自己的觀點，毫無疑問，它是使用最為廣泛的方法，適用於各種情況和各種潛在的買主。

這種方法的理論依據是，幾乎所有的人都討厭聽到「不對，我根本看不出你的話有什麼道理」，或「這你可能誤會了」，或「在你看來可能是那樣，但事實不是如此」，或「根本不像你講的那樣」這一類的話。幾乎所有的人都討厭他人直截了當地反駁自己的觀點。

有個很善於做皮鞋生意的人，別人賣一雙，他能賣好幾雙。當別人向他請教生意訣竅時，他笑了笑說：「要善於拿出可能彌補的優點去壓倒顧客列舉的缺點。」

他舉例說：「有些顧客買鞋子，總是東挑西揀，到處挑毛病，把你的皮鞋說得一無是處。他們頭頭是道地告訴你哪種皮鞋最好，價格又適中，樣式與做工又如何精緻，好像他們是這方面的專家。你若與之爭論，其實毫無用處，因為他們這樣評論只不過是想以較低的價格買到皮鞋。

「這時，你可以先稱讚顧客的想法。比如，你可以稱讚對方眼光確實獨特，很會選鞋，自己店裡的皮鞋確實有不足之處，也許樣式並不新潮，不過品質不錯；鞋底柔軟也有柔軟的好

處⋯⋯你在表示缺點的同時,也側面表達一下這鞋子的優點,也許這正是他們看中的地方,可使他們動心。顧客其實很喜歡這種鞋子才花這麼大心思挑毛病嗎?」

這就是他的妙招,先肯定顧客的話,然後再用曲折迂迴的方法來打動顧客的心。

記住,在推銷商品的時候,不管顧客說得正確與否,都不要和顧客發生爭吵。讓顧客有愉悅的心情,有助於你推銷自己的商品。

2. 開場白很重要

美國某圖書公司的一位女推銷員總是從容不迫、平心靜氣地以提出問題的方式來接近顧客。「如果我推薦您一套有關提高個人效率的書籍,您打開書發現內容十分有趣,您會讀一讀嗎?」、「如果您讀了之後非常喜歡這套書,您會買下嗎?」、「如果您還是不滿意,您可以把書退給我。」這位女推銷員的開場白簡單明瞭,客戶幾乎找不到說「不」的理由。後來,這三個問題被該公司的全體推銷員所採用,成為標準的銷售方式。

開場白的設計要簡單,要用最簡潔的話把你要說的核心內容表達出來。如果客戶問你:「為什麼我應該放下手邊的事情,專心聽你介紹你的產品呢?」這時候,你的答案應該在30秒之內說完,而且得讓客戶滿意並且吸引他的注意力。

所以說，作為推銷員應該設身處地站在客戶的立場來問問自己，為什麼他們應該聽你的，為什麼他們應該將注意力放在你的身上，記住你的開場白只有30秒。

　　好的開場白應該要引發客戶的第二個問題。當你花了30秒的時間說完你的開場白以後，最佳的結果是讓客戶問你的產品是什麼，而這表示客戶開始對你的產品產生了興趣。如果你花了30秒的時間說完開場白，並沒有讓客戶對你的產品或服務產生任何好奇或是興趣，那就表示你這30秒的開場白是無效的，你就得趕快想其他的內容來代替了。

　　好的開場白能夠吸引住客戶，為你爭取到更多的成功機會。只要做到別人對你的話題感興趣，做到別人願意聽，你的推銷便成功了一半，而且還會為你以後的推銷打下堅實的基礎。

3. 詼諧能助你一臂之力

　　在某公司舉辦的化妝品展示會上，幾個年輕的銷售人員用十分專業的術語詳細地向消費者介紹了公司產品原料、配方和使用方法，贏得了顧客的好評。更重要的是，他們在回答消費者提出的各種問題時，思維敏捷、對答如流、幽默詼諧，加之他們彬彬有禮，更讓顧客留下了難忘的印象。

　　消費者問：「你們的產品真的像廣告上說的那麼好嗎？」

　　一個銷售人員立即答道：「您試過之後的感覺會比廣告上說

2 幽默點綴對話，讓溝通更輕鬆有趣

的還要好。」消費者又問：「如果買回去，用過以後感覺不那麼好怎麼辦？」

另一個銷售人員笑著說：「不，我們相信您會喜歡這種感覺。」

這次展示會非常成功，不僅產品銷量超過以往，更重要的是，產品品牌的知名度大大提升。在公司召開的檢討會上，公司經理特別強調，是行銷人員語言訓練有素促成了這次活動的成功。他要求公司全體人員應該像行銷人員那樣，在「說話」上下一番功夫。

在行銷活動中，有時候把話說得委婉一些、詼諧一些，可能比直截了當的效果更好。一個銷售人員在市場上推銷殺蟲劑，他滔滔不絕的演講吸引了一大堆顧客，突然有人向他提出了一個問題：「你敢保證這種殺蟲劑能把所有的蟲子都殺死嗎？」

這個銷售人員機智地回答：「在你沒噴藥的地方，蟲子照樣活得很好。」這句玩笑話讓大家接受了他的推銷宣傳，幾大箱殺蟲劑很快就銷售一空。

幽默語言在行銷活動中的運用，不但可以營造輕鬆活潑的氣氛，還為行銷工作創造了良好的環境。幽默話語本身就是一種具有藝術性的廣告，用得好，會讓人們留下深刻印象，由一句笑話聯想到某個品牌，更是最好的促銷方式。

行銷人員在運用語言上必須注意簡潔，以簡單明瞭的語言

把盡可能的資訊傳達給客戶。無論談生意還是推銷產品,都要講究要點,讓對方能夠聽懂記住。如果說話顛三倒四、反反覆覆、囉哩囉嗦、空洞乏味,不僅讓人抓不住重點,還會因為占用對方的時間,引起反感。簡潔的語言,不但是交際的需要,也從客觀上反映了行銷人員的業務素養。

當然,行銷人員的語言交際要注意的地方還很多,比如說話要有內涵、要客觀真實等等。

4. 用讚美打開成功之門

要想順利說服對方,保證交易順利,應該從稱讚和讓對方感到滿意著手。

用巧妙的讚美來滿足對方的自豪感,讓別人真誠地坐下來與你交談,你的目的便達到了一半,成功就唾手可得了。

博恩・崔西（Brian Tracy）是美國點陣圖書推銷高手,他曾經說:「我能讓任何人買我的圖書。」他推銷圖書的祕訣就是:讚美顧客。

一天,崔西到某家公司推銷圖書,辦公室裡的員工選了很多書,正要準備付錢時,忽然進來一個人,大聲道:「這些跟垃圾似的書到處都有,要它們做什麼?」

崔西正準備向他露出笑臉時,他接著一句話又衝了過來:「你別推銷給我,我一定不會要,我保證不會要。」

2 幽默點綴對話，讓溝通更輕鬆有趣

「您說得很對，您怎麼會要這些書呢？明眼人一下子就能看得出來，您是讀了很多書的，很有文化素養，很有氣質，要是您有弟弟或妹妹，他們一定會以您為榮為傲，一定會很尊重您的。」崔西微笑著，不快不慢地說。

「你怎麼知道我有弟弟或妹妹？」那位先生有點感興趣了。

崔西回答：「當我看到您，您給我的感覺就有一種大哥的風範，我想，誰要是有您這樣的哥哥，誰就是上帝最眷顧的人！」

接下來，那人以大哥教導小弟的語氣說話，崔西像對大哥那樣尊敬地讚美著，兩人聊了10多分鐘。最後，那位先生以支持崔西的工作為由，為自己的弟弟選購了5套書。

崔西在當天的日記中寫道：「其實，我心裡很明白，只要能夠跟我的顧客聊上3分鐘，他不買我的書，那是不可能的。因為，無論做人還是做事，要改變一個人，最有效的方式是傳達信心和轉移情緒。」

同時，他也寫下了一條人性定律：「人是感性左右理性的動物，若一個人的感性被真正觸動，那麼，他想拒絕你，其實比接受你還要難，而要想迅速控制一個人的感性，最有效和快捷的方法就是恰如其分的讚美。」

那麼，要做到從容自如、得心應手地讚美別人，需要有何種技巧呢？

(1) 讚美，要善於找到對方的亮點

如我們到朋友家裡做客時，看到客廳牆上有一幅山水畫，我們往往會情不自禁地讚許道：「這幅畫真不錯，為這客廳增添了幾分神韻，顯現了幾分雅致。誰買的？眼光可真好！」

也許，這句話只是我們不經意間說出來的，但我們的朋友會感到很高興，心中的感覺一定很不錯。

對於行銷人員，和顧客初次接觸也可以這樣，一番寒暄過後，身旁的一切都可以成為話題。行銷人員可以對會客室的裝潢設計讚嘆一番，還可以談及桌上、地上或是窗臺上的花卉或盆景，如這些花卉和盆景造型如何新穎獨特、顏色亮度又是如何搭配得當等等，甚至可以對它們的擺放位置用「恰到好處」、「錯落有致」一類的詞語來形容一番。

具有豐富想像力和創造精神的行銷人員經常能找出對方亮點，並加以巧妙讚美，行銷人員讚美物品時，必須與人結合起來，如果只是稱讚東西有什麼特色，是無法突出對人的讚賞的，要緊緊盯住對方的知識、能力和品味進行讚美。

如果我們喜歡我們的顧客，就不難發現他值得讚美的地方。

(2) 讚美，要搔到對方的「癢處」

當我們的讚美正合對方心意時，會加倍使他們產生自信，這的確是打動人的有效方法，換句話說，能搔到對方「癢處」的讚美，作用最大。

2 幽默點綴對話，讓溝通更輕鬆有趣

怎麼發現別人的「癢處」呢？

日本首席推銷員齊藤竹之助說：「想輕易地發現每個人身上最普遍的弱點，是很簡單的事情，只要你觀察他們最愛談的話題便可以知道。全心全意，心中最希望的，也就是他們嘴裡談得最多的。你就在這些地方去搔他們，一定能搔到他們的『癢處』。」

例如，對於一位非常漂亮的女士，我們要避免對她美麗的容貌去讚美，因為她對這一點已經有絕對的自信了，轉而去稱讚她的智慧、仁慈，這樣的稱讚，一定會令她芳心大悅。

③ 直言無礙，學會用幽默避免誤解

朱熹曾說：「守正直而佩仁義。」意思是說，做人要存正直之心，行仁義之德。當然，做人一定要正直，但是說話就不能太直，委婉的話語看似走了彎路，卻總能直陳利弊、一語中的。所謂「曲徑通幽」就是這個道理。

3 直言無礙,學會用幽默避免誤解

▌說話橫衝直撞,難免非死即傷

當然,做人一定要正直,但是說話就不能太直,不恰當的直言直語,總是會讓聽者誤解為批評和否定,就像炸彈般轟炸著對方的耳朵,不僅讓別人顧慮重重,增加心理壓力,還有可能為自己帶來不必要的麻煩。所以,說話還是要委婉,委婉的話語看似走了彎路,卻總能直陳利弊、一語中的。

俗話說,一句話說得讓人跳,一句話說得讓人笑。話應該怎麼說,就看你自己了。

偉大的畫家畢卡索(Pablo Ruiz Picasso)終其一生反對戰爭,追求世界和平。在第二次世界大戰巴黎淪陷以後,德國的將領和士兵經常出入畢卡索的藝術館,興趣盎然地討論著他的作品,但這些侵略者受到了主人冷淡的接待。

有一天,畢卡索一改他冷淡的態度,一大早便站在藝術館的出口,發給每位德國軍人他的名畫〈格爾尼卡〉的複製品。這幅畫生動地描繪了西班牙城市格爾尼卡遭德軍飛機轟炸後的慘狀。

一位德國軍官興奮地指著這幅畫問畢卡索:「這是您的傑作嗎?」

「不」,畢卡索面色嚴峻地說,「這是你們的傑作!」

追求和平的畢卡索必然對這群劊子手深惡痛絕,但是如果

說話橫衝直撞，難免非死即傷

他憤怒地去痛斥這群侵略者，一定會替自己招來殺身之禍，所以他選擇了這種方式，委婉恰當地回擊了對方。這樣，他既保全了自己，又將自己的態度鮮明地表明出來。

有人說，說話的方式決定了一個人的交際能力，而我們大部分時間說話是為了表明自己的態度，也決定了你將怎樣的自己展現給別人。在社會的最小單位──家庭中，充滿親情和愛情，這時候，我們的表達方式則需要更加委婉和小心。有時候，太直的話語雖是出於善意，卻也會在無形中破壞和睦的氛圍。

有位妻子在煮湯的時候不小心多放了鹽，丈夫嚐了嚐湯，先是眉頭微微一皺，然後輕輕地問道：「家裡還有鹽嗎？」

「當然有啊，」妻子回答道，「要我現在就拿來給你嗎？」

「不用了，親愛的，我以為你把所有的鹽都放湯裡了呢！」

丈夫只是善意地提醒妻子，湯的味道稍微有點鹹。如果他直截了當地說出來，那麼很有可能傷害到妻子的自尊心，而他以這樣一種委婉的方式說出來，不僅提醒了妻子，還維護了夫妻間和諧的氣氛。

在家庭生活中，我們經常會遇到親人們一時犯錯，如果我們不注意自己的措辭，便會在家庭關係中留下不小的陰影。此時，怎麼委婉表明自己的態度則顯得尤為重要。比如，當妻子在挑選一件衣服並徵求丈夫的意見時，丈夫覺得這件衣服顏色太過鮮豔，與妻子的年齡不符，如果丈夫直白地說：「都40多

歲的人了還要穿這麼鮮豔的衣服出門,難道不怕別人笑嗎?」我想,任何一位妻子聽到這樣的話後,自尊心都會受到很大的打擊,也許還會抱怨丈夫的不體貼,不懂得女人的愛美之心。如果丈夫能夠顧及到這一點,以略帶玩笑的口吻暗示道:「女兒這麼年輕,穿上這麼鮮豔的衣服一定美得像花一樣。」妻子在明白丈夫的暗示後,也一定會對丈夫的委婉措辭大加讚許。

把上面的道理放大到我們周圍,便能為我們的說話方式提供一個很好的標準。自古以來,人與人的交流都是雙向的,你能夠好好地表達自己,便能讓別人更容易接受你。在競爭如此激烈的今天,我們難免會在觀念上與別人有所差異,如果表達的時候橫衝直撞,則很有可能兩敗俱傷,但如果我們都能用一種委婉的方式表達自己的觀念,那麼一定能在競爭中處於不敗之地。

會轉彎的子彈最難防

電影《駭客任務》裡主角快速躲子彈的畫面已經成為經典。後來,在網路上的一個惡搞影片裡,主角也是模仿電影裡躲子彈的動作,沒想到這裡的子彈會轉彎,悲慘的主角被一槍斃命。可見,如果子彈會轉彎,那可真是防不勝防啊!

某天晚上,美國總統林肯(Abraham Lincoln)在忙完了一天

的工作後上床休息。忽然，刺耳的電話鈴聲響了起來，原來是個想求官的人打來的。有位國家稅務方面的高官剛剛去世，這人垂涎這個位置已久，便打電話來問林肯他能否替代。林肯回答說：「你去問問殯儀館的相關人員吧，要是他們不反對，我自然沒有意見。」

慣於鑽營的人總是看重自己的私利，抓住任何場合推銷自己。面對這樣的人，你需要的就是讓他確實地認清自己的條件，知道自己的能耐。這類人還有一個特點，就是他們無法意識到自己的缺點，他們的眼睛往往被自己的自信所矇蔽，只看見自以為是的長處。

在不合時宜的時間打電話向總統自我推薦的人，其能力和修為可想而知。要是林肯就他的能力方面去否定他，對方勢必無法接受。所以在這裡，林肯很聰明地去曲解他的話，把他口中的「替代」理解為個體的替換，絲毫不提及職位的事，讓那人滿肚子自薦的話吞了回去，林肯也省去了許多不必要的麻煩。

這類人和那些惡意攻擊你的人不同，他們並沒有心存惡意，只是一心向著自己的目標前進。他們只是使用了不恰當的方式，替你造成了麻煩，所以你在應付他們的時候也不必唇槍舌劍，只要不造成不必要的麻煩就可以了。讓自己的話像會轉彎的子彈一樣，繞過他們膨脹的自信，擊中他們的弱點，讓他們自我清醒便可以了。

3 直言無礙,學會用幽默避免誤解

麥克在飯店退房的時候,發現老闆多收了他 200 塊錢,便拿著單子不解地跑去詢問。

老闆說道:「你住了十天,這 200 元是水果的費用。」麥克納悶地問道:「但是我一個水果都沒有吃啊。」

老闆接著說:「這可不能怪我啊,每天我們的服務生都把水果放到你房間,是你自己不吃的。」

麥克於是明白了,他從容不迫地從帳單中拿走 300 元。老闆緊張地問道:「先生,你這是做什麼啊?」

麥克回答道:「因為你吻了我的妻子啊,每天 30 元,10 天不正好是 300 元嗎?」

「你怎麼血口噴人呢,我可從來沒有吻過你的妻子啊!」老闆叫嚷道。「可是她天天都住在你的飯店裡,你不吻是你的事啊。」

這裡的老闆唯利是圖,像他們這種人只是為了自己的小利益,並不是針對任何人。在與他們打交道的時候,你要做的就是維護自己的利益。我們在工作中也常常會遇到這樣的人,尤其是你當了主管以後,總是會遇到有的沒的要求,面子上不好拒絕,或是不直接地表達。這種時候,你便可以試試這種「會轉彎的子彈」,也許能把所有讓你難堪的要求都拒於千里之外。

若想全身而退，最怕直言不諱

宋朝的周敦頤在《通書・過》中描述了這樣一個婦孺皆知的故事：名醫扁鵲，有一次去見蔡桓公。他在旁邊站了一下對蔡桓公說：「你生病了，現在病還在皮膚裡，若不趕快醫治，病情將會加重！」蔡桓公聽了笑著說：「我沒有生病。」待扁鵲走了以後，蔡桓公對人說：「這些醫生就喜歡醫治沒有病的人來突顯自己的本領。」

10天以後，扁鵲又去見蔡桓公，說他的病已經發展到肌肉裡了，如果不治療，還會加重。蔡桓公不理睬他。扁鵲走了以後，蔡桓公很不高興。

再過了10天，扁鵲又去見蔡桓公，說他的病已經轉到腸胃裡去了，再不從速醫治，就會更加嚴重了。蔡桓公仍舊不理睬他。

又過了10天，扁鵲去見蔡桓公時，對他望了一望，轉身就走。蔡桓公覺得很奇怪，於是派使者去問扁鵲。

扁鵲對使者說：「病在皮膚裡、肌肉裡、腸胃裡，不論針灸或是服藥，都還可以醫治；病若是到了骨髓裡，就沒有辦法了，現在蔡桓公的病已經深入骨髓，我也無法替他醫治了。」

5天以後，蔡桓公渾身疼痛，趕忙派人去請扁鵲，扁鵲卻早已經逃到秦國去。蔡桓公不久就死掉了。

3 直言無礙，學會用幽默避免誤解

這就是歷史上有名的典故「諱疾忌醫」。千百年來，讀過這個故事的人都會對蔡桓公的行為感到可笑，但是在服務業如此發達的今天，我們以另一種眼光重新去看這個故事時，也許會有不同的發現。

扁鵲在發現蔡桓公的病情後，直言不諱地告訴了他。但蔡桓公當時身體沒有出現異狀，因此，他是不可能相信自己生病的。所以，要是扁鵲能把說話的方式改一改，讓蔡桓公接受自己的建議，在早期就接受治療，也許結果就不是這樣了——蔡桓公不會死，而扁鵲也不用逃到秦國去。因此，在這個故事裡，我們不僅看到了蔡桓公的諱疾忌醫，也知道了扁鵲的直言不諱。

很多人常常認為直言不諱是一個說話的好習慣，因為這樣的人坦率、耿直。但是，直言不諱也會帶來一些不好的結果，這些結果往往與你的目標背道而馳。

舉個簡單的例子，如果你是個老闆，說話時不稍加注意，那麼直言不諱下所造成的不好的情況可能超出你的想像。比如，員工犯錯時，員工沒有認真聽你說話時，員工對上司的要求做得不好時，員工工作不認真時……這種時候，一般的老闆往往會非常生氣地指出這些問題，完全不顧及對方的面子和尊嚴。這樣的做法雖然直截了當，但是得到的效果往往不是最好的。

比如，當你發現你的屬下聽你說話時態度十分隨便，你會

怎樣處理呢？按照一般管理的方法，你可能直接就指責對方，甚至還有後續的處罰。但是如果你真這麼做，結果會如何呢？其他員工對你的印象會變差，久而久之，沒有人會聽你的話了。

如你在指責對方的時候，也能反省自己，是不是自己說的話沒有吸引力，或是過於囉唆，沒有做到簡明扼要；又或是說話內容沒有重點，對方根本不知道自己要表達什麼。在經過思考之後，你再去處理這些情況，或許會收到意想不到的效果。

你可以笑笑說：「我這個人最大的缺點就是說話沒有吸引力，說話的時候無法吸引別人的注意力，你們也是這樣認為的吧？」這樣一句看似自我檢討的話語，不僅可以讓在座的人認真地聽你講話，還能讓別人知道你是一個和善並善於檢討自己的主管。這種情況下，有這樣表現的主管，在管理部下的時候也會得心應手、如魚得水。

善意的謊言才更顯得你真誠

說謊是不好的習慣，但有時卻不得不有善意的謊言。一個謊言是否善意需要了解其目的，出於善意的謊言不僅無礙於誠信，還會大大地增加人與人之間的友誼和感情。拉羅希福可（François de La Rochefoucauld）曾說：「有時人們也痛恨阿諛奉承，但只痛恨阿諛奉承的方式而已。」可見，如果是出於好心，說謊這

3 直言無礙，學會用幽默避免誤解

種方式也是能被人們接受的。

有這樣一個關於善意的謊言的故事：

因為身體狀況越來越差，瑪麗小姐終日待在家中。一日，收到朋友寄來的舞會請帖，她覺得這是個調整心情的好機會，便精心地挑選了幾件衣服，仔細化了幾個小時的妝，只可惜年紀已大，加上病痛的折磨，讓她的臉色看上去依舊慘白。但這並不影響瑪麗的心情，她依舊開開心心地去參加舞會。

等到天色暗了下來，舞會正式開始。優美動聽的音樂，美輪美奐的宴會廳，耀眼的水晶吊燈閃耀著迷人的燈光，穿著高貴而華麗服裝的貴賓們開心地交談著。這一切讓瑪麗的心情十分舒暢。

終於等到共舞的時刻了。瑪麗坐在舞池邊最顯眼的位置，此時此刻的她，按捺不住興奮的心情，只想著接受邀請，在舞池中展現自己優美的舞姿。

終於，有位先生朝她走來，緩緩地向她伸出右手，瑪麗欣然地接受了邀請。但就在她站起來的時候，這位先生看著她的臉龐略微一愣，然後淡淡地說道：「沒想到你的臉色這樣的蒼白，皮膚還很鬆弛，一點光澤都沒有。」說完，他便頭也不回地走了。

瑪麗的臉紅一陣白一陣，很是尷尬，原來的信心蕩然無存。她傷心地走出客廳，蹲在角落哭了起來。這時，一個乞丐走了過

善意的謊言才更顯得你真誠

來,他輕聲地說道:「女士,是什麼事讓你這麼傷心啊?你這麼漂亮的臉龐哭起來可不好看啊!」瑪麗把剛才發生的事一五一十地告訴了這個乞丐,乞丐笑著說:「我看是他眼光有問題,在我看來,你美麗的面容配上精緻的首飾,簡直漂亮極了!」

瑪麗回家後,沒過幾天就去世了。她在給那位羞辱她的先生的信裡說道:「我知道你是個誠實的人,所以我把自己的照片寄給你,這是我最真實的寫照。」而在另一封給乞丐的信裡,她只簡單地說了一句:「謝謝你的謊言。」她還把自己的財產全部給了這個乞丐。

這個故事讓我們看到了善意的謊言的重要性。

生活中我們也常常會聽到這樣的謊言,比如面對某位身患絕症的病人,醫生總是會對其隱瞞病情,告訴他只要好好吃藥,多放鬆心情,病情就會慢慢改善。如果告訴病人實情,他悲傷的心情可能更加不利於病情,而這樣善意的謊言,也許還能讓患者在放鬆的心態下創造出生命的奇蹟。

遠在邊疆執行任務的兒子壯烈犧牲了,為了不讓他家中的老母親過於悲痛,所有人都在努力地編織一個謊言來安慰這位母親,不讓她被巨大的悲痛擊倒。每次母親要打電話和兒子說話時,旁人都告訴她「兒子還在訓練,不能說話。」這樣一個感人的謊言,凝結了多少說不盡的愛在裡面啊!

3 直言無礙，學會用幽默避免誤解

▌「傻話」也會有「傻福」

有兩個成語：一個是「自作聰明」，意思是自以為聰明而輕率逞能，指過度膨脹自己，辦事太過主觀；另一個是「大智若愚」，說的是某些才智出眾的人不露鋒芒，表面看起來好像不那麼聰明。那麼在生活中，你是願意自作聰明，還是大智若愚呢？

很多人自以為很聰明，卻不知道這本身就是個很愚蠢的想法。記得有一次，6歲的姪子問我艾菲爾鐵塔是什麼，我心想，和這樣的小孩也說不清楚，便含糊著說只是一座鐵做的塔。不料，旁邊的一位先生接過我的話大聲地說道：「艾菲爾鐵塔怎麼只是一座鐵做的塔呢？它是世界聞名的藝術品。」然後，他從艾菲爾鐵塔的設計到施工，以及引發的一系列的討論，還有一些名人對它的讚揚之詞，全部說得頭頭是道，極盡其能地彰顯著自己的學問，最後還說道：「你連這個都不知道，真不要誤導了小孩子啊！」這就是自作聰明的典型。這樣的人會給人什麼感受？就不用我多說了吧！

與之相反，大智若愚的人卻能讓人由衷地欽佩。他們看似說著傻話，卻能清楚地了解眼前的局勢，讓人不得不佩服他們的智慧。

在X射線剛開始被用於醫學治療時，很多人對其抱著懷疑

的態度,更多的人根本不了解它是怎麼一回事。

有一天,一位科學家接到了這樣的一封信:「據說 X 光能檢測胸腔,我這幾天恰巧有些不舒服,你把它寄來,我自己檢查檢查。」

這位科學家哭笑不得,在回信裡寫道:「還是把你的胸腔寄來吧!」

眾所周知,X 光是無法郵寄的,但是科學家如果花許多工夫和這位先生解釋這個狀況,恐怕只是白費工夫。所以,科學家只好說出「還是把你的胸腔寄來吧」這樣的傻話,不僅避免了一場不必要的解釋,還很幽默地避開了正面的交鋒。

恰當的傻話具有這樣的作用 —— 它看似很傻,卻暗藏聰明,只有聰明的人,才能體會其中的奧妙。

一位英國紳士搭火車旅行,正好和一位法國女士在同一間包廂。這位女士想引誘這位英國紳士,她脫衣躺下後就抱怨身上很冷,於是,這位紳士把自己的被子給了她,可她還是不停地說冷,幾乎不停打顫。

「我還能怎麼幫助你呢?」紳士沮喪地問道。「小時候我媽媽總是用自己的身體幫我取暖。」女士迅速答道。「小姐,這我就愛莫能助了!」紳士一臉無辜地說道,「我總不能跳下火車去找你的媽媽吧!」

這也許只是個讓人啼笑皆非的笑話,但是紳士的這句傻話

可謂精彩至極，不僅鮮明地表明了自己的態度，還對面前這位輕浮的女士狠狠地批評了一頓。

如果你是個聰明人，也不妨說說傻話吧。

冷靜才有理性

冷靜不下來的人，往往難有所作為。我們總是會被一些虛假的東西矇蔽住眼睛，讓我們難以看清真相，看不到問題的本質。以冷靜的頭腦和理性的心態面對問題，才不會做出錯誤的判斷。

動不動就失去理性的人，總是處在情緒的控制之下，一激動就口不擇言，無法完整地表達自己。怎樣才能理性呢？答案便是冷靜。這兩者看似風馬牛不相及，其實不然。只有可以冷靜下來的人，才能讓理性支配自己的頭腦，不管遇到多麼複雜的環境，都能去偽存真，看清事物的本質。

阿道夫・門采爾是世界著名的素描大師，是德國十九世紀成就最偉大的畫家。他長得矮小又醜陋，當有低俗的人嘲笑他的長相時，他總是以自己獨有的方式回擊。

這一天，當門采爾正在飯店裡享受午餐時，進來了三個外國人，一位女士和兩位先生，他們在附近的一張桌子旁坐下。畫家抬頭一看，發現那位女士正和兩位同伴耳語，還不時地打

冷靜才有理性

量著門采爾,口中咿咿啞啞地不知道在說些什麼。後來,那三個人用略帶歧視的眼光打量了門采爾一番又哈哈大笑起來。

門采爾的臉頓時漲得通紅,他知道對方一定是在嘲笑自己的長相,但他沒有多說什麼,而是取出隨身攜帶的速寫本,認真地畫起畫來了。他一邊畫著一邊不時地望向那位女士的臉龐。這三個人明顯感覺到了,他們頓時不自在起來,尤其是那位女士,臉上一陣紅一陣白的。她不知道旁邊這位長相醜陋的人想要做什麼,卻又不好直問,顯得十分尷尬。

門采爾卻不理他們,當作什麼事都沒有發生,依舊專注地在畫自己的畫,並不在乎旁人的目光。終於,其中一位男士忍不住了,他站起來,慌張地走向門采爾,說道:「先生,你怎麼沒有經過女士的允許就擅自畫她呢,這樣是很不禮貌的,你不知道嗎?」他的言語中透露著一絲憤怒。

「先生,」門采爾很有禮貌地回答道,「這哪裡是一位女士呢?你自己仔細看看,這分明就是一隻鵝啊!」他說著就把速寫本遞給那位男士看,這位男士見自己冤枉了門采爾,連忙說對不起,一臉窘態地回到了自己的座位上。只是旁邊幾位顧客見此情景不禁大笑起來,原來,門采爾畫的是一隻引頸高叫的肥鵝。那個男人並不知道「鵝」在德語中可以當作罵人的話,意為「愚蠢的女人」。

在面對別人的嘲笑時,失去理智的人往往怒不可遏,甚至

3 直言無礙，學會用幽默避免誤解

大打出手，這樣往往也傷害了自己。我們不如學學門采爾，他並沒有被情緒牽著鼻子走，而是冷靜下來，更有力地回擊對方。

德國大詩人海涅因為是猶太人，常常遭到無端攻擊。在一次晚會上，一個旅行家故作神祕地說道：「我發現了一個小島，你們猜猜這個島上有什麼奇怪的景象？」

大家的胃口一下子被他吊了起來，都興致勃勃地等他說出下文。

那個旅行家看到大家都等著他的下文，便得意地說道：「這個島上竟然沒有猶太人和驢子！」說完，還哈哈大笑起來。

旁邊的人都看著海涅。

海涅不但沒有生氣，還微笑著說道：「我有一個辦法來彌補這個缺陷，那就是你和我一起去這個島上！」

海涅如此精彩的回擊，正是他冷靜下來面對挑釁的結果。當我們激動的情緒正要冒出頭的時候，就應該用冷靜讓自己降溫。

④ 機智應對，讓挑釁者無法還擊

喜歡攻擊別人的人，往往自以為是地站在道德的高點，擺出一副盛氣凌人的樣子，對別人橫加指責，然後一臉得意地看著對方的窘態，暗自在心中竊喜。在面對這樣的人時，我們需要回馬一槍，命中要害。

4 機智應對,讓挑釁者無法還擊

▍讓耳朵選擇性接收

我們常說「聽說」兩個字,可見先有聽才有說。我們所說的內容相當程度上取決於我們聽到了什麼,想要說得有水準,就必須在聽上下功夫。

不管別人說了些什麼,我們的耳朵應該只聽到對我們有用的資訊。耳朵應該像篩子一樣把那些會造成誤導的話語過濾掉,尤其對方話中有話的時候,我們更應該抽絲剝繭,抓住別人話裡的重點,回話的時候才不至於本末倒置,讓人不知所言。

一對情人坐火車外出旅行,在車上和一位老先生相鄰而坐。老先生十分健談,一路上和這位小姐談得很投機,兩個人天南地北地聊了起來,談笑風生,很是熱鬧。這位小姐的男朋友看著有些不開心,他小聲地在她耳旁說道:「小心點,他是『醉翁之意不在酒』啊!」女友覺得他心眼太小,安撫他道:「你想太多了,我是醉酒之意不在翁。」他倆的對話恰巧被老先生聽到了,老先生笑了笑,自言自語道:「我啊,是醉酒之翁不在意!」

三個人的話都圍繞著一句名言展開,但言語間把男生的小心眼、女友的無奈和老先生的大度盡顯無遺。老先生在聽到他們的對話後,也明白了其中的意思,略帶調侃的一句話,既表明了自己的態度,也打消了對方的疑慮。

讓耳朵選擇性接收

「謠言止於智者」，是讓耳朵選擇性接受的另一層涵義，大哲學家蘇格拉底（Socrates）為我們樹立了很好的榜樣。

有一次，蘇格拉底的一個學生匆匆忙忙地跑來找蘇格拉底。雖然很累，但他的臉上洋溢著興奮之情。「告訴你一件事，」他急匆匆地喊道，「你絕對想像不到的……」

「請等一下！」蘇格拉底表情平靜，語氣堅定地制止了他，「我這裡有 3 個篩子，把你想要說的話篩選一下。」

他的學生不知道老師要說什麼，不解地搖搖頭。

蘇格拉底繼續說：「如果你有一件事要告訴別人，請先在心裡拿這 3 個篩子過濾一下！第一個篩子叫做『真實』，你確定你告訴我的事是真實的嗎？」

「這我倒不知道，我是從街上聽來的，大家都這麼傳，我也不確定是不是真的。」

「那這時候就需要第二個篩子了，如果你不能確定是真的，至少也應該是善意的吧，你要說的事是善意的嗎？」

「不，正好相反，是某某人的壞話。」他的學生臉漲得通紅，羞愧地低下頭來。

蘇格拉底卻繼續說道：「那麼我們再用第三個篩子檢查一下，既然你這麼著急地要告訴我，這件事很重要嗎？」

「並不是很重要……」學生的聲音幾乎已經聽不見了。

蘇格拉底不等他說完，繼續說道：「既然你不能確定事情的

真假,它又不是出於善意,並且根本不重要,你這麼著急地說出來還有什麼意義呢?要知道,你說的有可能只是謠言而已!說了也只會讓我們兩個人造成困擾罷了。」

有位名人曾說過,如果有個人貼著你的耳朵說「有件事要告訴你,不過不要和別人說」的時候,你應該理智地走開,因為這樣喜歡搬弄是非的人只會替你增添麻煩,並且同樣的情況也會發生在你的身上。

我們在聽說或是轉述一件事的時候,也要用這3個篩子過濾一下。如果這件事可能是謠言,並且會傷害別人時,我們應該盡量阻止它繼續傳下去,用自己的耳朵過濾掉這些困擾。

以其人之道還治其人之身

在金庸小說裡,慕容復在了解對方武功精要之後,使出「斗轉星移」的功夫,將對方的招式反擊到對方身上,看起來好像是使出了跟對方一樣的武功將對方打倒。在武俠小說中,我們可以看到許多類似的片段,發出去的暗器被人擋了回來,結果自己被自己的暗器所殺。

這便是「以其人之道還治其人之身」。這樣的方法用在口才上也一樣好用,不僅省心省力,還不需要挖空心思去想新的招數,只需要把對方的招式回擊到對方身上便能一舉將其擊倒。

以其人之道還治其人之身

要想看出對方的招數,先讓我們看看下面的故事:

古時候,有一個叫巧姑的婦女,聰明能幹,把家務安排得妥妥貼貼。她公公張老漢一時高興,就在大門上寫了幾個大字:「萬事不求人」。知府老爺看到了,心想:「這不是存心沒把我放在眼裡嗎?那好,我就叫你來求求我。」於是,他便叫人把張老漢抓來,對他說:「你說得出這種大話,想必有大本事。好吧,限你三天之內,找出三件東西來:一隻大公牛生的牛犢,一瓶灌滿大海的清油和一塊遮天的黑布。要是找不到,就辦你個欺官之罪!」

張老漢愁容滿面,回家把話告訴了巧姑,巧姑說:「你放心吧,這事讓我來處理。」

過了三天,知府老爺來了,一進門便喊:「張老頭快出來!」巧姑走上前說:「稟大人,我公公沒在家。」

「他敢逃跑!」

巧姑說:「他沒有逃,是生孩子去了。」知府奇怪地說:「胡說,世上只有女人生孩子,哪有男人生孩子?」巧姑說:「既然男人不能生孩子,為什麼又要公牛生牛犢呢?」知府一時無言以對,只得說:「這件不要他辦了,還有灌滿大海的清油呢?」巧姑說:「請大人把海水撤乾,馬上就灌。」「海有那麼大,怎麼撤得乾?」巧姑說:「撤不乾,海裡白茫茫的一片水,油又往哪裡灌?」知府的臉一下子羞紅了,便怒叫道:「這一件也不要他

4 機智應對，讓挑釁者無法還擊

辦了，還有遮天的黑布呢？」巧姑說：「請問大人，天有多寬？」知府說：「誰也沒有量過，哪裡曉得它有多寬！」巧姑說：「既然不曉得天有多寬，那叫我們怎麼去剪布呢？」知府老爺再也無話可說，他紅著臉，跑了。

看完這個故事，我想很多人都會忍不住嘲笑知府的窘態。仔細一想，是什麼巧妙地回擊了知府，又是怎麼把他逼上窘境的呢？答案便是「以其人之道還治其人之身」。知府的刁難雖然可笑，但是巧姑一個婦女與其對抗也不是件容易的事，稍有不妥便會一敗塗地。好在巧姑聰明機智，抓住了知府問題的漏洞，把問題又還給了對方，確切地說，真正難倒知府的，正是他自己提出的問題。

怎麼樣？如果你覺得還不過癮的話，再來看一個故事吧！

從前，有個叫丘浚的人去逛廟，廟裡的老和尚見他十分寒酸，就對他格外冷淡。這時，恰好有一個地方官吏也來逛廟，老和尚見了，馬上滿臉堆笑，熱情招待，恭敬備至，把丘浚擺在一旁不予理睬，丘浚十分不滿。等這位官吏走了以後，丘浚質問老和尚：「為什麼對當官的這樣恭敬，對我卻冷若冰霜？」

「你不懂，」老和尚急忙辯解道，「按我佛門規矩，恭敬就是不恭敬，不恭敬才是恭敬！」

丘浚聽罷，哈哈大笑，猛然間拿起一根木棒，朝老和尚的頭就猛打，打得老和尚雙手抱頭哇哇直叫。眾人攔住丘浚，老

和尚問道:「你為何打人?」丘濬一本正經地說:「既然你說恭敬就是不恭敬,不恭敬才是恭敬,那麼,我打你就是不打你,不打你才是打你了!」老和尚滿面羞慚,無言以對,眾人則對丘濬側目而視。

老和尚的這種阿諛奉承、趨炎附勢的做法應以怎樣的一種方式去教訓他才合適呢?直白簡單的指責,並不一定能讓對方清醒。丘濬則十分聰明,把老和尚辯解的邏輯運用到實際的行動上,打了他,還讓他無話可說。

這便是「以其人之道還治其人之身」的好處。用你的方法來回擊你,倘若我錯了,那麼你也錯了;如果我對了,你也無話可說。左右都讓對方為難,自己則能處於不敗之地。

三思而後言

三思而後行,是每個人都懂的道理,意思是說在行動之前應多考慮。這裡的三思而後言也是教人說話之前要多考慮。

在這裡,考慮的含義就很多了。你要考慮說話的對象、說話的背景,還有你說的話本身是否恰當,整體來說,就是不要你滔滔不絕、口不擇言。該少說的時候就要少說,說話之前要好好地考慮一下。

古羅馬有位地位顯赫的英雄,他以「戰神科利奧蘭納斯

4 機智應對，讓挑釁者無法還擊

（Coriolanus）」之稱而聞名於世，在歷次的戰爭中立下汗馬功勞，百姓都很景仰他。後來，科利奧蘭納斯漸漸厭倦了戰場的殺戮，他打算競選最高層的執政官來提升自己的名望，從而進入政界。

按照規則，競選這個職位的人必須進行兩次演講。初次演講時，面對眾多的百姓，科利奧蘭納斯表現得十分出色。他一開始便把自己幾年來征戰所留下的傷疤展露出來，以表現自己的愛國情操，令在場的百姓感動不已，幾乎所有人都決定投他一票。

科利奧蘭納斯也很滿意自己的表現，甚至有些驕傲起來，他認為自己當選已是定局。依照規則，在投票的前兩天，他還要做一次演講，這次的對象則換成了達官貴人。科利奧蘭納斯一改之前的形象，在會議廳裡的元老和貴族面前，他傲慢自大地宣稱自己一定會當選，還說在當選後一定會維護貴族的利益，並無禮地攻擊競選對手，甚至說了一些阿諛奉承的話來討好貴族。

不料，他競爭對手的朋友也在場，把他的話傳了出去。全城的老百姓聽了後十分氣憤，於是都把票投給了另外幾位候選人。科利奧蘭納斯落選了。

科利奧蘭納斯敗選之後，只能重新回到戰場。他強忍著心中的怒火，發誓要讓那些百姓嘗嘗苦頭。

三思而後言

　　一次戰爭過後,軍隊繳獲的物資運抵城裡,元老院召開會議討論是否把物資發放給百姓。科利奧蘭納斯覺得自己的機會來了。他極力反對把物資發給群眾,還攻擊當下的政治制度,請求取消農民代表,只有貴族說了算,要徹底剝奪農民的權利。

　　科利奧蘭納斯的最新言論令平民憤怒不已,他們覺得自己的尊嚴受到了踐踏。人們成群結隊地趕到元老院前,要求科利奧蘭納斯出來向他們道歉,但科利奧蘭納斯傲慢地拒絕了。百姓忍無可忍,爆發了大規模的暴力示威行動。元老院迫於壓力,最終同意發放物品,但是老百姓對科利奧蘭納斯的言行依舊十分憤怒,聲稱他出來道歉後,才允許他重返戰場。

　　迫不得已,科利奧蘭納斯只好在群眾面前道歉,開始時的發言倒還緩和,誰知沒過多久,他的內心越來越憤怒,甚至出言攻擊民眾!越到後來,百姓就越是憤怒,他們先是大聲抗議,然後引發肢體衝突,使科利奧蘭納斯無法繼續發言。絕大多數百姓請求元老院判他死刑,要求治安長官立即拘捕他,把他從塔西匹亞巖頂丟下去。後來,在貴族和元老們的調解下,他被判終生放逐邊境,永遠不能回城。人們得知這一消息後,紛紛走上街頭歡呼慶祝。

　　在這裡,科利奧蘭納斯成了說話不考慮後果的典型。他沒有分清自己說話的對象和場合,說出了一些不合時宜的話,讓原本前途光明的他一下子陷入了困境。本來還有機會改過的

他，卻一錯再錯，直到困境變絕境，最終讓自己陷入萬劫不復之中。

所以，生活中的我們在說話之前要好好考慮一下，不要張口就說，所謂「話不在多，精則行」。

用沉默引出幽默

說起沉默和幽默，也許很多人無法把這兩個詞連繫起來。沉默的人往往給人一種成熟的印象，而幽默的人則讓人覺得機智。尤其在遇到一些不如意的情況時，沉默代表著忍讓和膽怯，而幽默則表明了這個人的勇敢還擊。的確，幽默和沉默這兩個詞在意思上大相逕庭，但是在特定的時候，適當的沉默往往可以成為效果不錯的幽默。

有一家包子店以味道正宗、風味獨特而聞名，許多客人都慕名而來。

一對年輕戀人來到店裡，也想品嚐一下這遠近聞名的小吃。由於客人很多，所以就和另一中年男子併桌吃飯。那男子點的灌湯包上桌後，便迫不及待地張口就咬。「哧」的一聲，包子裡的湯汁直噴向鄰座的青年，弄得他臉上、身上都是油膩的汁水，周圍的服務生和顧客看到這樣的情景不禁都捏了把冷汗，似乎衝突一觸即發。可是只見那中年男子若無其事，甚至

用沉默引出幽默

連一句道歉都沒有,仍自顧自地吃著小吃。

這時,青年朝鄰座男子瞥了一眼,什麼話也沒有說,只是低頭吃自己的,並不管從他臉上流下來的湯汁。周圍的人更擔心了,以為暫時的沉默預示著更大的衝突。女友趕緊遞上一塊手帕,叫他擦擦。這時,青年才抬頭望望那不懂禮貌的中年人,嘆了口氣,說:「不擦了吧!他還有三個包子沒吃呢,湯水還會飛噴過來的,現在擦了待會還是要髒的。等他吃完後再一起擦吧!」普普通通的幾句話,窘得那中年男子臉紅耳赤,連忙起身說「對不起」,周圍的人也在笑聲中放下了心。

這便是沉默引出幽默的例子。如果一開始青年便惡言相向,甚至破口大罵,那麼最後兩人必定大打出手,周圍人的擔心也終將成為事實,而他卻運用了沉默,不急於反擊,他只是在沉默之後的言語中,讓對方充分感覺到了自己的無禮,一場危機就這樣巧妙地化解了。

還有一個關於德國作家歌德的小故事,也說明了這樣一個道理:

有一次歌德出門旅行,走到一家餐廳裡,要了一杯酒,本想看著窗外的美景,好好地享受一下這美好的時光。不料,旁邊幾個年輕人掃了歌德的興致。他們大喊大叫,舉著自己的酒杯不斷地碰來碰去,全然不顧坐在旁邊的歌德,只顧著他們自己的享樂。

歌德並沒有阻止他們，他相信在這種時候，那幾個年輕人什麼也聽不進去。他鄭重其事地把杯子裡的水倒進酒裡面，然後津津有味地品嚐起來。這時，旁邊一個年輕人看到了歌德的舉動，哈哈大笑起來，還對著他的同伴們說道：「看，這個人在酒裡面摻水，實在太好笑了。」另一個年輕人問道：「親愛的先生，請問您為什麼將這麼好的酒摻水呢？」

歌德早料到了他們的反應，冷冷地說：「光喝水使人變啞，你看看池塘裡的水，不曾說過一句話；光喝酒呢，又容易使人變傻，你們幾個人的表現正好說明了這點；我不願做這兩者，所以用酒摻水喝。」

那幾個年輕人聽出了歌德話中有話，也了解到他們的吵鬧行為影響了他人，都不好意思地安靜了下來。

和上述的例子一樣，歌德也是先沉默一番，並不急於去表明自己的態度。我們也可以學習歌德的這種處事方式，恰當地運用這寶貴的沉默，也許就可以讓你事半功倍。

用幽默之火，化尷尬之冰

先看下面的故事：

德國有位著名的霍夫曼（Theodor Hoffmann）將軍，有次，他到基地去視察軍隊建設情況，當地的一名軍官為他準備了歡

用幽默之火，化尷尬之冰

迎酒會，酒會的氣氛十分融洽，大家都被霍夫曼將軍的風度和才氣所折服。在大家舉杯同飲之時，一名基層軍官幫將軍斟酒，由於過於緊張，軍官拿著酒瓶的手不小心抖了一下，把酒灑到將軍的光頭上去了。氣氛頓時緊張起來，在場的軍官和士兵都十分緊張，準備「迎接」將軍的暴跳如雷，尤其是那名軍官，更是愣在那裡一句話都說不出來，低著頭，看都不敢看將軍一眼。

霍夫曼將軍知道大家都以為他要發脾氣了。他若無其事地從口袋裡拿出手帕，把頭上的酒擦了擦，笑著說：「小夥子，我這頭髮掉了都快 20 年了，什麼方法都用過了，全沒有用，不知道你這個辦法行不行？不管怎樣，還是先謝謝你啊！」說完，大家哄堂而笑，那名軍官漲紅的臉也恢復了原狀，他向將軍深深地鞠了一躬以示感謝，流著眼淚退了下去。這時，大廳裡響起了一片熱烈的掌聲⋯⋯

在社交場合中，我們總是會遇到一些尷尬的場景，要怎麼去處理呢？是要任由事件左右自己還是做事件的主宰者呢？很多人在這種時候往往就像個傻瓜似的站在那裡，不知所措。在這種時候，你最需要的是冷靜、機智和勇敢。尷尬是隻紙老虎，你只需要幾句幽默的話語便可將其擊得粉碎。就像上面的例子，小軍官在將軍面前犯下如此不該的錯，令將軍的處境十分尷尬，當看到部下們的緊張情緒，將軍巧妙地運用自己的幽默，不僅打破了尷尬的僵局，還在下屬面前樹立了極好的形象。

4 機智應對，讓挑釁者無法還擊

我想，很多職場上的朋友都碰到過下面的情況，想想看會怎麼處理呢？

小李帶著自己4歲的兒子來辦公室玩。這孩子十分淘氣，對辦公室的東西十分好奇，一下子摸摸這個，一下子玩玩那個，開心得不得了。

就在大家不注意時，他打破了書架上的花瓶。這時，小李不由分說就打了孩子一巴掌。那聲音比花瓶摔破的聲音還要大，孩子也大聲地哭了起來。小李揚起手又想再來一巴掌。同事們都看不下去了，紛紛跳出來勸小李。只見張姐「噌」地跳起來，指著小李的鼻子大聲喊道：「你幹嘛打孩子？」張姐指著孩子說道：「你知道你這一巴掌的影響有多大嗎？要是你這孩子長大可以當天文學家，就可能被你這一巴掌打沒了；如果你這孩子長大可以當經濟學家，也可能被你這一巴掌打沒了！你該打自己才對，一巴掌造成的損失這麼大。」聽到這裡，同事們都哄笑起來，小李也忍不住笑了：「還經濟學家呢，他要是有那麼聰明就好了！張姐，你的嘴可真厲害啊！」

辦公室的氣氛又活躍了起來！

還是上面的問題，要是你碰到這種情況，會怎麼處理呢？大部分情況你會跑上去勸住小李，又或是把他的孩子帶開，這樣可以緩解當場的氣氛，但是能讓小李消氣嗎？人家張姐，用不著動手，簡簡單單的幾句話，就讓小李的氣消了。我們真應

該好好地學學。

這便是幽默的力量,看似堅不可摧的尷尬,連重拳都無法擊破,但是只要你動動腦子、動動舌頭,便能輕鬆走出尷尬的困境。

面對惡言相向,不妨回馬一槍

喜歡攻擊別人的人,他們往往自以為站在道德的高點,擺出一副盛氣凌人的樣子,對別人橫加指責,讓自己的話不容辯解,然後一臉得意地看著對方的窘態,心中竊喜。其實,在面對這樣的指責時,我們需要回馬一槍,命中要害。

一開始的時候我們總是處於弱勢,這就更需要在還擊的時候注意氣勢,只有強勢的還擊才可以讓對方認清我們堅決的態度。一個處於弱勢的人在還擊的時候如果沒有了勢,那剩下的就只有弱了。

在這方面,童年的東漢的文學家孔融給了我們很好的說明。馮夢龍的《古今談概‧機警部》中有一段記載孔融小時候的故事:

孔融10歲那年,隨著父親來到了洛陽。當時,正在桓帝手下擔任司隸校尉(監察官)的李膺名聲顯赫,前來拜訪的人只有顯要人士和親戚才能見到他。孔融來到他家門前對役吏說:「我

是李府的親戚。」他被請了進去,坐到了李膺面前。

李膺問:「你和我有什麼親戚關係?」

「有師生之誼,我和您是幾代以來的通家之誼啊。」

李膺問:「你想吃點什麼嗎?」

孔融回答:「要吃。」

李膺說:「我來教你做客的禮貌,只能推辭,不能答應主人。」

孔融反唇相譏,說:「我來教你當主人的禮貌,只管擺上食物,不要問客人吃不吃。」

李膺沒辦法,只好說:「可惜我快死了,不能看見你飛黃騰達的那一天了。」

孔融說:「您離死還早呢!」

李膺問他有什麼根據,孔融回答:「『人之將死,其言也善。』您剛才說的話就很不友善,所以還沒有到死的時候。」

正巧,這時大夫陳韙也來了,聽到這些話,他說:「小時聰明,長大就不一定傑出!」孔融回答:「想必您小時候一定聰明。」

在這個故事裡,對孔融連番發難的李膺和陳韙也非等閒之輩,他們在看似平常的語句中暗藏玄機、綿裡藏針。好在孔融機智過人,簡潔有力的回擊恰到好處。尤其是當大夫陳韙的那句「小時聰明,長大就不一定傑出」說出後,孔融毫不退縮地回

面對惡言相向，不妨回馬一槍

擊一句「想必您小時候一定聰明」，頓時讓陳韙啞口無言，真是精彩至極。

著名詩人惠特曼（Walt Whitman）也遇到過類似的情況，而且像他這樣一個公眾人物總是在公開場合被人詰問，但他總是以他特有略帶攻擊性的幽默進行還擊。這種富有攻擊性的幽默，讓他在群眾中的影響力更大。

有一次，惠特曼在一次會議上演說，他用詼諧、幽默、鋒芒畢露、鏗鏘有力的演講贏得了在場聽眾陣陣掌聲。

忽然，臺下有人大喊道：「惠特曼先生，您講的笑話我不懂！」

「您莫非是長頸鹿？」那人語音剛落，惠特曼便感嘆道，「只有長頸鹿才可能星期一腳受傷，到星期日才感覺到痛！」不少觀眾都竊笑起來。

「我應該提醒您，惠特曼先生，」那位觀眾擠到主講臺前嚷道，「拿破崙有句名言：『從偉大到可笑，只有一步之遙！』」

「沒錯，從偉大到可笑，只有一步之遙。」他邊說邊用手指著自己和那個人。那位觀眾在大家的嘲笑聲中狠狠地走出了會場。

他人的指責和非難，往往出乎我們的意料，總是如暴風雨般突然來襲，意圖在我們沒有準備的時候將我們擊倒。這時，我們就應該像惠特曼那樣，絕不含糊地給對方最致命的反擊。

如果反擊的方式不合理，不僅無法命中對方要害，自己的

4 機智應對，讓挑釁者無法還擊

利益得不到維護，還可能讓旁觀者留下狼狽的印象。所以，我們在遇到這樣的情況時，應該像孔融和惠特曼一樣，不僅不忍讓不退縮，還要以更強勢的態度做有力的回擊，讓發難者無處可逃、自食其果。

▎面對圈套，先讓對方驕傲

我們常說有些人喜歡攻擊別人，這樣的人正面出招倒好還擊，但是有些人自以為有些小聰明，在為難我們的時候還設個陷阱，讓我們不知不覺地掉入圈套裡。其實，我們不要害怕這樣的人，他很得意自己的小聰明，那麼我們就先讓他驕傲自大起來，而得意忘形的人防守能力是很弱的。

有位總愛刁難別人又極為虛榮的富太太，她總是仗著自己的財富欺負別人。這天，她上街購物時看見一個衣衫破爛的小乞丐，她的壞心眼又出現了，便對那個乞丐說：「我們有錢人的寵物都比你們窮人的命好啊！這樣吧，你叫我的狗一聲『爸爸』，我便給你 10 塊錢。」

小乞丐知道眼前的這位富太太想侮辱他。他眉頭一緊，眼珠一轉，突然像是想到了什麼好主意似的，便開心地說道：「喊一聲給 10 塊錢，要是喊 10 聲呢？」

「那當然給 100 元了。」富太太見自己的心機得逞，越發地

面對圈套，先讓對方驕傲

開心起來，頭也抬得更高了。

小乞丐彎下身去，撫摸了一下狗的毛，然後認真地喊了起來：「爸爸！」周圍看熱鬧的人都聚了過來，想看看發生了什麼情況。富太太這下非常開心，她極力地向周圍的人說著情況，還鄭重其事地把 10 塊錢塞到小乞丐手裡。

小乞丐也不管人多，一句接一句地叫了起來，一直喊了 10 句才停下來。富太太笑了一陣，按照約定給了小乞丐 100 元。

這時，周圍看熱鬧的人更多了，他們都對著小乞丐指指點點，臉上露出不屑的表情。

小乞丐看了看周圍的情況，故意提高嗓門，對著富太太喊了聲「媽媽」，好讓周圍的人都聽得見，然後恭敬地對著她鞠了一躬。

周圍的人都大笑起來。

小乞丐人小但是腦子聰明，面對著富太太的刁難，本來處於弱勢的他幾乎沒有勝算，換作一般人都不知道該怎麼去應對了。倒是小乞丐明知對方的圈套，還故意跳了進去，對方自然得意忘形，而這個時候你突然反擊，真可謂防不勝防！

下面這個故事聽過的人就更多了：

阿凡提在市區開了一個染坊，由於手藝好，做人也和善，生意非常好，街上的人都把自己的布拿來染。有一個叫巴依的人，滿肚子壞主意，看見阿凡提的生意這樣好，心裡非常嫉妒，

4 機智應對，讓挑釁者無法還擊

總想著有一天能刁難阿凡提，讓他的店開不下去。

有一天，巴依「好心好意」地拿了一匹布來讓阿凡提染。「您要染什麼顏色呢？」看到不速之客到來，阿凡提也覺得意外。「我要染的顏色非常普通，它不是綠的，它不是白的，它不是黑的，它不是藍的，它不是紅的，它也不是青的。總之，它不是您平常看到的顏色。都說您染布的功夫好，您不會染不出來吧？」

「沒有問題！」阿凡提已經明白了對方的意圖，他邊說邊把布鎖進櫃子。「那我什麼時候來拿呢？」巴依見阿凡提上鉤了，暗自開心得不得了。「您到那一天來拿吧！那一天不是星期一，不是星期二，不是星期三，不是星期四，不是星期五，不是星期六，也不是星期日。」巴依愣在那裡一句話也說不出來。

巴依自以為能靠自己的小聰明把阿凡提難倒，不料阿凡提不動聲色地替他好好上了一課。

在生活中，我們不能做巴依，但是在遇到巴依這樣的人的時候，我們也應該學習阿凡提的方法，先讓對方驕傲，再攻其不備。

沒有防守，何來進攻

足球王國巴西向來崇尚一句格言「進攻是最好的防守」，這句話把巴西足球那種崇尚進攻、忽略防守的特點表露無疑。

沒有防守,何來進攻

好在巴西足球前鋒非常棒,因此,在足球場上總能立於不敗之地。常言道「進球就是一瞬間的事」,但是丟球也是一瞬間的事,所以說,在足球場上還是應該扎實地做好防守功夫最重要,因為沒有防守,何來進攻?

和別人辯論就像一場足球賽,這種時候往往觸及自身的利益,誰也不肯退步,因為沒有人願意輸!所以,在這種事上想要立足於不敗之地,便要把防守工作做好。我們來看下面的故事:

愛爾蘭劇作家、小說家蕭伯納的一部新劇本打算公演,為了表示慶祝,他特地發了一封電報給英國政治家邱吉爾,邀請他前來觀看:「今特為閣下預留戲票數張,敬請光臨指教,並歡迎您帶友人來,如果您還有朋友的話。」

眾所周知,邱吉爾因為政見獨特,為人原則性很強,所以朋友比較少。蕭伯納抓住這個特點,狠狠地調侃了一番。

邱吉爾看過電報後,並不生氣。他命令手下立即回覆:「鄙人因故不能參加首場公演,擬參加第二場公演,如果您的劇本能公演兩場的話。」

難以想像蕭伯納接到電報後會有怎樣的想法。他本來想借這個機會調侃邱吉爾一番,邱吉爾也不是等閒之輩啊,不僅沒有不知所措,反而在回覆裡也巧妙地調侃了蕭伯納,一來一去,誰也沒有落得半點下風。

4 機智應對，讓挑釁者無法還擊

防守得好，可以讓對方無計可施，不知從哪裡下手，頓時便垂頭喪氣，這時的你只要稍加回擊，便能讓對方潰不成軍。

話說，一個人留了很長的鬍鬚，周圍的人也都習慣了他這個形象。一天，他忽然把鬍子刮得一乾二淨，徹底改變形象。早上走出家門，他的鄰居看見了，頓時覺得奇怪，不解地問道：「你的鬍子已經留了好多年了，幹嘛突然剃掉啊？」

這人覺得好笑，自己的鬍子剃了也就剃了，哪有那麼多的理由，再說這和別人有什麼關係。想了一會，他沒有直接說出來，而是煞有其事地說道：「對面的一家人昨天生了個胖小子你知道吧？」

「你這人挺好玩的，別人生了小孩關你什麼事啊，你幹嘛把鬍子剃了？」鄰居覺得很荒唐。

「既然別人生了小孩不關我的事，那我剃了鬍子也不關你的事啊！」他的鄰居聽了，也說不出話來。

出於關心也好，好奇也罷，鄰居的問題問得莫名其妙，倘若你如實地去反問他，反倒弄得鄰居間不開心。而像這個故事裡的主角一樣，巧妙地指出對方問題裡的問題，既避免了自己的不想回應，又把問題說得清清楚楚。

在與人交往的時候，我們也要先做好防守，以防止被逼入不利的局面，然後自己才能站在有利的位置，把問題說得清清楚楚。

切記，有理才能反擊

有位年輕漂亮的女士嫁給了一位老先生，不過這老先生是位億萬富翁。這樣的婚姻在世人眼中往往無法得到祝福，因為別人總會覺得這是因錢而結合的婚姻。

這位女士的很多朋友不解，便問她：「你這麼年輕漂亮，幹嘛要嫁給那樣一個糟老頭？」

這位女士反問道：「給你一張支票，你會在乎它的新舊嗎？」

也許很多人會覺得這位女士是強辯，其實不然。婚姻是愛情的產物，每個人都有自己選擇的權利，何必總是以世俗的眼光去解讀呢？這位女士此時向這些人解釋什麼是真愛也是徒勞，不如就著他們的說法給他們答案，彷彿在反問：「這樣的答案你們滿意嗎？」

當別人的話讓你很不舒服，讓你很想反擊的時候，你應該分析一下對方的話：將話語的成分分類一下，看看多少是批評，多少是嘲笑，又有多少是揶揄。有了這樣的分析後，你再選擇回擊的方式，若對方是出於善意的批評，即使言語過於激烈，你也應該先反思自己的行為，看看對方說的話是不是有理。如果真的是自己不對，你就應該改正，還要好好地感謝對方，但如果對方是惡意的攻擊或調侃，那麼你就應該強硬地反擊回去。

前不久在白宮發生的「要飯夫婦」事件讓人們很擔心白宮的

保全情況，輿論矛頭直指美國特勤局主管馬克‧蘇利文（Mark J. Sullivan）。白宮保衛處也明顯感覺到壓力，不過這位主管卻在一次公開發言中為自己辯解了一番。他說道：「就特勤局去年對有關白宮的 120 萬來訪者的影片監控以及和總統、副總統及其他人相關的一萬處地點的安全保護的工作情況來講，我們做得還不夠好。」他的這一番話成功地將人們的注意力轉移到自己繁重枯燥的工作上，並有意地提到這兩個巨大的數字也讓人們對他的工作量有了了解。當人們知道了他所率領的小組的工作是如此的繁重和枯燥時，也會原諒他這次一時的疏忽。

這位主管不僅沒有道歉，還證明了自己的清白，最終沒有讓大家認為他是在強辯，我想最大的原因是在如此繁重的工作下，犯一點點錯也是人之常情。

判斷是否該反擊的標準是「理」，如果你真的沒有理，那麼你的還擊便是狡辯了。一個對自己錯誤百般狡辯的人總是無法得到大家的信任，因為每個人都會把狡辯和死不認錯、小心眼、虛偽連結起來。在還擊中是否有理是很重要的一個因素，這可以直接決定你說話的性質和別人對你的印象。

⑤ 幽默勝於鋒利言辭，影響更深遠

現代社會，人們越來越沒有安全感，人們恨不得用金盔鐵甲把自己武裝起來。而金盔鐵甲卻不能保護我們的內心不受傷害，如果要讓我們的內心不受傷害，就需要用鐵齒銅牙來武裝自己。

5 幽默勝於鋒利言辭，影響更深遠

舌頭雖小，其力無窮

「舌頭雖小，但可以毀掉一座城市。」這是句著名的義大利諺語，意思是告訴我們雖然舌頭很小，但千萬別低估了它的作用。

俗話中的「三寸不爛之舌」說得很貼切，短短三寸長的舌頭即使在人類器官中也不算大，就是這「不爛」的舌頭，卻能爆發出極大的力量。

看到這裡，可能許多朋友會露出鄙夷的眼神。他們認為只有實際行動才能帶來質的變化，而所謂的口才、幽默，只不過是說說話，不僅作用有限，也實在難登大雅之堂，要想發揮作用，還得靠實際的行動才行。

看過《三國演義》的人應該對裡面〈舌戰群儒〉的故事印象十分深刻。應該沒有人會否認這場辯論在小說中的作用吧？以當時的情形，辯論的雙方均非等閒之輩，各種辯論方法運用熟練，舉例論證、比喻論證、引言論證、對比論證、歸謬反駁、反唇相譏等等，比比皆是。諸葛亮則更以他淵博的知識、超群的見解、雄辯的才能以一當十，以少勝多，取得了這場辯論的勝利，從而為劉備與東吳的聯合奠定了基礎，為後來的三足鼎立提供了可能性。

正是諸葛亮運用自己的三寸不爛之舌贏得了這場辯論，在歷史上留下了重要的一筆，才改變了整個歷史。

有口才，何必怕演講

先摘錄幾段李敖演講的精彩片段讓大家欣賞一下：「剛才被美女抱了一下，渾身發熱，我可以脫外衣嗎？你們各位也可以寬衣，因為這屋好像熱了一點，不要客氣，不要見怪。」、「大家說我演講時的掌聲沒有連戰多，那是因為我講得太精彩了，你們都來不及鼓掌了。」、「我演講很多次，最怕這種講堂，因為它是個半圓形的，我要照顧到臺下的每一個人，頭要從左轉到右，從右轉到左，覺得自己像個電風扇。報告老闆，講到目前為止還安全嗎？」

「前天晚上我編了一個故事，有個女孩子進了一個小房間，突然看到一個男的嘴巴裡念念有詞，來回走動，這個女孩子就問他：『你在幹嘛？』他回答：『我在背演講稿。』女孩子問：『你在哪裡演講？』他說：『我要去大學演講。』女孩子問：『你緊張嗎？』他說：『我不緊張。』女孩子說：『如果不緊張，你到女廁所來幹嘛？』」

透過這些片段，我們可以感受到李敖的演講幽默精彩，總是能緊緊抓住聽眾的心思，讓聽眾隨著他的言語時而大笑、時而沉思。這便是演講的魅力，不得不讓人佩服。

當年他在大學的幾場精彩演講，讓大家在領略到他的才情的同時，也對他的學術和思想感到深深的敬佩。

5 幽默勝於鋒利言辭，影響更深遠

也許你還是個害怕演講的人。每次碰到主管或是老師叫你上臺講幾句，你便緊張得滿臉通紅，半天也說不出一句話，或是說了一大堆，下面的人卻不知道你在說什麼。

沒關係，那麼下面就告訴你一些提升自己演講魅力的技巧：

1. 幽默讓共鳴更強烈

演講者獨自站在講臺上，下面的觀眾則等著演講者的演講。表面看來，演講者和觀眾之間的確有不小的距離，想要消除這種距離，幽默便是最有效的方法了。一個演講者在自己的話語裡加入些幽默的成分，便會讓觀眾在大笑中和自己靠得更近。上面李敖的演講便是這樣，他不僅在開始的時候就說了個笑話，而且在演講過程中還時不時地幽默一下，觀眾被逗得大笑不已。就在這樣的笑聲中，李敖更容易向臺下的人表達自己的觀點，也讓自己的演講成為一次成功的演出。

演講中的幽默應該和主題相關。不要只是為了博取觀眾的笑聲而加入不相干的笑話，這樣大家的注意力會偏移。如果能切合主題地來點幽默，在笑聲中適當地切入主題，這樣大家的注意力就會集中在主題了。

2. 用真誠打動聽眾

感人心者，莫先乎情。唯有熾熱的情感，才會使「快者掀

髦，憤者扼腕，悲者掩泣，羨者色飛」。演講中如若能用真誠打動聽眾，就能讓聽眾感受到強烈的心靈震撼。

一個演講者如果講話華而不實，只追求華麗的外表，開出的只能是無果之花。若演講者缺乏真摯而熱烈的情感，只是用「人工合成」的感情，雖然能欺騙聽眾的耳朵，卻永遠騙取不了聽眾的心，因為心弦是不會隨隨便便地讓人撥動的。若要使人動心，必先使己動情。有一名演講家說：「在演講和一切藝術活動中，唯真情，才能使人怒；唯真情，才能使人憐；唯真情，才能使人笑；唯真情，才能使聽眾信服。」可見，真情是演講最好的技巧。

一天，有一位在美國獨立戰爭時陣亡兵士的遺孀——一位年邁的寡婦，蹣跚地走到林肯的律師事務所，泣訴某位政府行政官員在她領取400美元撫卹金時，竟苛索她200美元的手續費，林肯聽罷勃然大怒，決定立刻對那位行政官員提起訴訟。

為了到法庭上能辯論勝利，他在做準備時，特別讀了華盛頓的傳記和美國獨立戰爭史。開庭那天，他先追溯當初美國人民因受到壓迫而激起了愛國志士對民族的熱情，乃群起為自由而戰。他描述了他們所經歷的艱難困苦，及如何克服天氣嚴寒，走過冰天雪地，然後他突然怒責那位行政官員，痛斥他竟敢剝削當年為國捐軀的一位兵士遺孀的半數撫卹金。

他目光怒視著那位被告，全身激動，幾乎想剝了那位行政

5 幽默勝於鋒利言辭，影響更深遠

官員的皮。在訴訟辯論即將結束時，他大聲疾呼：「時代向前邁進，西元 1776 年的英雄已經死去，他們被安頓在另一世界。在座的證人、先生們，那位兵士已經安逝長眠，而現在他那年老、衰弱、又跛又盲、貧困無依的遺孀卻來到你我的面前，請求為她求取公平，請求同情的幫助與人道的保護，我們這些享受革命先烈爭取到的自由的人是否應該援助她呢？」

林肯說這一番話之時，不僅感動了在場的法官，陪審人員也眼眶含淚，他們一致認為那老婦人所應得的養老金分文也不能少給。訴訟得到了完全的勝利。

在演講中，唯有真誠的情感，才能產生巨大的影響，才能喚起群眾的熱誠，才有震撼人心的力量。美國有位小說家說得好：「熱情是每位藝術家的祕訣，而每位演講家都應該是一位藝術家。這是一個公開的祕訣。這如同英雄的本領一樣，是不能拿假武器去冒充的。」情不深，則無以能驚心動魄，無以得到別人贊同。

演講者在表達自己的真情實感時，必須能夠平等待人、虛懷若谷，說出的話語才能如滋潤萬物的甘露，點點滴滴入聽眾的心田。而居高臨下、盛氣凌人、以為自己是上帝、以教育者姿態自居的人，是無法和聽眾交心，也無法打動聽眾的。

3. 優雅端莊，為演講加分

良好的禮儀和風度能夠真正地從心裡打動聽眾。演講若想吸引聽眾的注意，必須要用恰當而又得體的禮儀，才能真正打動聽眾，真正征服聽眾的心。

演講者要想真正吸引聽眾，一定要有良好的氣質風度和優雅禮儀。一個人的氣質和風度不是天生的，而是靠後天培養的。

尼克森（Richard Milhous Nixon）在其著作《領導者》一書中，有一段對西元 1954 年 6 月英國首相邱吉爾訪美的描寫：「飛機機門打開，過了一會，邱吉爾獨自出現在舷梯頂部，頭上戴著一頂珍珠灰的漢堡帽……他的助手們在他身後手忙腳亂地攙扶他，準備走下舷梯。他迅速地向下面掃視了一眼。當他看到歡迎的人群和許多相機鏡頭時，便立即拒絕了任何人的幫助。

「他拄著手杖，開始緩慢地走下舷梯，直接朝著相機鏡頭和麥克風走去，開始發表到達演講……演講結束，人們報以熱烈的掌聲。他亮了亮他那表示勝利的 V 字形手勢，然後大步走向那輛黑色林肯牌敞篷汽車……」

事後尼克森回憶道，他很驚奇這位不久前才中風、剛從橫跨大西洋飛了一晚的飛機上下來的 79 歲的老人竟如此注重自己的禮儀和形象。

科學家的研究顯示，人們接受更多來自視覺形象的資訊。演講者的姿態和動作代表了他的形象，也作為一種非語言溝通

5 幽默勝於鋒利言辭，影響更深遠

的方式，有著正面的意義：它能輔助有聲語言更準確、更有效地表情達意；它也能使聽眾形成一種動態的印象，從而引起注意，減少由於單調而帶來的疲乏感。

演講中若想保持優雅的禮儀，一般來說應該在以下幾個方面多加注意：

從站立的姿勢看，一般建議丁字步：兩腿略微分開，前後略有交叉，身體的重心放在一隻腿上，另一隻則加以平衡。這樣既便於站穩，也便於移動。

手勢的運用在演講中也非常重要，能達到語言無法代替的效果。而手勢的運用是否恰當，將會直接影響到演講的效果。手勢在演講中的運用有多種複雜的含義：手向上、向前、向內往往表達希望、成功、肯定等正面意義的內容；手向下、向後、向外，往往表達批判、蔑視、否定等負面意義的內容。所以，手勢的運用要注意適當且需節制。

令人眼花撩亂的手勢只會顯露出自己的慌亂，不具任何意義。我們以為手呆板不動是可笑的，其實最可笑的反而是說話時無節制地揮動手臂。另外也有人認為，有說服力的手勢是根據演講中帶有情感的聲音而定的，如果演講者一開始就頻繁地運用手勢，那會使人厭煩，手勢也就喪失了效果。

此外還要注意的是，演講者的服裝對演講效果也有一定的影響。俗話說，人靠衣裝佛靠金裝。演講者的服飾，對樹立其

形象有非常重要的作用。

服裝過於隨便,不僅會破壞演講者在聽眾心目中的形象,而且聽眾也會覺得你不尊重他們,演講的效果自然不好。

演講中應注意適當的禮儀和細節,適當的舉止和良好的禮儀能為你的演講增色不少。

4. 妙用名言警句

名言和警句是對生活哲理的概括,一方面反映出人對生活的了解,另一方面也反映出人對生活的態度。一個沒有生活經驗的人是無法恰如其分地使用名言和警句的。

一句觸動心弦的話,可能會改變一個人的一生;一則恰到好處的名言警句,會為一場精彩的演講錦上添花。

演講是對一個人的口才全面性的考驗,巧用名言警句能為演講增色不少。在演講中引用名言是利用了人們崇拜名人的心理,而且,名言一般精粹洗練、寓意深刻,充滿著豐富的哲理和熱情,能達到畫龍點睛的作用。陸機在〈文賦〉中說:「立片言而居要,乃一篇之警策。」也就是說,在文章的關鍵處要用一句或幾句警句來點明題旨,是最容易打動人的。

但是要切記,使用名言和警句應該從演講中的人、物、事中自然而然地引用,要運用得當,不能為講而講,賣弄學問,這樣就顯得做作了。

5 幽默勝於鋒利言辭，影響更深遠

名言的運用，只有經過自己的思索並化為有血有肉的東西，才能顯出生氣，才可以為演講增色，引用不貼切反而容易留給人譁眾取寵的印象。

名言警句對深化演講主題有重要的作用，但在演講中引用名言警句應該注意以下幾個方面：

要引用原文，不要以訛傳訛；

要全面體會原文，不要弄錯意思；

要說明原文是誰說的，不要張冠李戴；

少用「據權威人士說」；

引用受歡迎的名人的話；

引用當地名人的話；

引用有資格講此話的人所說的話。

和名言警句一樣，寓言典故也是言簡意賅、內涵深刻。在相同的境況下，運用寓言和典故也一樣具有說服力。

古人常用寓言表達自己的觀點。梁惠王曾問孟子：「我對治理國家可謂費盡心機，鄰國沒有一個君主像我這樣對待百姓的，為什麼鄰國的百姓不見少，我的百姓不見多呢？」

孟子說：「大王喜愛軍事，讓我用戰爭做比喻吧。兩軍交戰的時候，有兩個士兵棄甲而逃，一個跑了五十步就停下來了，另一個跑了一百步才停下來，因為自己只跑了五十步就嘲笑跑

了一百步的人對不對呢？」

梁惠王說：「不對，跑五十步也是逃跑呀！」

孟子說：「大王如果懂得了這個道理，那就不要冀望你的百姓增加了。」孟子在這裡確實在批評梁惠王，意即梁惠王的政績與別的君主沒有什麼差別，老百姓在哪裡都是一樣的。

英國有一位爵士，在某次晚宴上發表了一場輕鬆的演講。他在結尾說道：「你們回去之後，寄給我一張明信片。即使你們不寄的話，我也會寄給你們每位一張，而且你們很容易猜到是我寄的，因為我在上面不會貼郵票，（眾笑聲）我將在上面寫著：季節自來自去，萬物按時凋零，唯有那——我對你們的仁愛，永遠像鮮花般豔麗芬芳。」

用一首詩來結束這場輕鬆愉快的演講，別有情趣，增添了宴會的歡樂，並增進了賓主間的友誼。但若一場嚴肅的演講結尾也引用這首詩，就會不倫不類，適得其反。所以，在演講中引用名人的話、古今的格言、詩詞佳句時一定要用得恰當。

演講中的語言表達，適當運用名言警句能達到畫龍點睛和錦上添花的作用，因而也能贏得聽眾的青睞，讓他們喜愛你的演講。

希望這篇文章對你的演講帶來一些幫助。在以後的生活中，演講定能成為你展現風采的舞臺，帶給你極大的力量。

結尾好,演講才成功

在上一篇文章裡,我主要說了演講的一些技巧,對於演講這樣一種和語言有著直接關係的活動,其和口才的關係十分密切,而幽默又是口才必備的條件。因此,在這一節裡,我來說明演講裡另一個極為重要的環節——結尾。

很多人只知道開場的重要性,卻忽視了結尾,造成演講可能虎頭蛇尾。古人說「行百里者半九十」,而在演講裡近乎是「行百里者半一百」,只要最後一句沒有說好,你的演講就不能算成功。

演講的結尾如同演講的開端一樣關鍵,是評判演講是否成功的主要因素之一,是判斷演講者程度的關鍵要素。這是因為:其一,結尾不易說得很妙;其二,演講的結語可以圓滿地結束整場演講,使聽眾把整場演講所表達的思想組織在一起,建構整場演講的內容,最後再抓住演講的主旨和關鍵。

何時該結束演講,自然因題、因地、因時而異,但有一點絕對不可忘記,即要時刻注意聽眾的情緒。當聽眾渴望你繼續講下去時,你多講他們也不感到厭煩;而當聽眾不斷看手錶時,想必心思已飄往別處,已經不想再聽下去,再講又有什麼意義呢?那就該選擇一個適當的時機就此打住,做出結論。

可是很多演講者由於準備不充分總是草草收尾,破壞了

整場演講的效果。歷代極成功的演講家如戴爾‧卡內基（Dale Carnegie）、孫中山等人，都覺得應該把演講的結語寫下來以便記清楚。初次演講的人更應如此，他應該清楚地寫下該用怎樣的語句做結束，並在演講前把結語溫習數遍。在每次溫習時，措辭可不必雷同，只要意思表達清楚就可以。

一篇演講稿，在演講之前往往有很大的改動，需要在原演講詞的原則上加以刪修，以適合未能預料的變化。所以，若能事先預備兩三個不同的結語，將更完美，假如這一個不適用，另一個也許可以。

怎樣準備結語，使演講圓滿地結束，以下幾點建議或許對您有用：

1. 明確地概括全文要點

擅長演講的人即使在三五分鐘之內，也常常能講出許多見解，這些見解涉及相關的一些事情。相反，有的人演講結束後，聽眾還是摸不清他到底主要講了幾個問題。

還有的演講者認為，他該講的都講了，聽眾應該把他說的要點都接收了，和自己一樣清楚明白了。實際上則不然，因為，演講者對自己所要說的話思考過很多遍，而聽眾在聽講前，可能對這個看法完全是陌生的，演講者若不明確地列舉出要點，聽者是不可能像演講者一樣清楚的。

卡內基曾為演講詞結構擬定了這樣一個模式：開端——告訴聽眾，你將要談什麼問題；中間——詳細談這些問題；結尾——把所談的問題簡明地概括一下，做個總結。

2. 以熱情洋溢的話作為結束語

在某些演講中，可以用熱情洋溢的話激勵聽眾，提出希望，作為結尾。

例如，有位鋼鐵大王的助手在美國紐約賓夕法尼亞州協會演講中最後說：「我們偉大的賓州應該領導促進新時代的降臨。賓州是出產鋼鐵最多的州，是世界最大鐵路公司所在地，是美國第三大農業州，再沒有其他州比它更能帶動起全美的經濟發展。」他最後的幾句話使聽眾感到鼓勵、樂觀，因而燃起了他們的熱情。

但是這種結束方法若想有效，態度必須誠懇，不要過度，若不夠誠懇，不是發自內心，將顯得虛偽，聽眾便不會真心接受。

3. 幽默的結束

有人說過：「當你說再見的時候，要使人們笑。」假如你有能力這樣做，並且有豐富的演講素材，那好極了！但是怎麼做呢？每個人都應該按自己特有的方式去做。

有個叫路易・喬治的教士,在為約翰・衛斯理(John Wesley)重修墳墓的嚴肅儀式上,面對著眾多公理會教徒發表的演講可以做為這方面的範例:

「我很高興你們願意動手來幫忙重修他的墳墓。他應該受到尊崇。他是一位極度憎惡不整潔的人。我曾聽他說過這樣的話:『永遠不要讓任何人看見一個衣衫襤褸的公理會教徒。』正是因為他的努力,所以你們永遠不會看見一個這樣的人。(笑聲)

假如你們竟讓他的墳墓殘破不堪,那就是故意和他作對。你們還記得當他走過一間屋子,一個小女孩跑到門口向他喊道『上帝保佑你,衛斯理先生』時,他是怎麼回答的嗎?他答道:『年輕的女孩,如果你的臉和圍裙再乾淨點,你的祝福將更有價值。』(笑聲)

可見他有多厭惡不整潔,不要讓他的墳墓不整潔啊!假如他的靈魂經過此地,看見墳墓不整潔,將會比任何事更令他傷心。務必好好地看護它,這是一座值得紀念和尊崇的墳墓,這是你們的責任。」在場的所有人都歡呼起來。

4. 降升法

降升法是結束演講最普遍的方法,不過這種方法並不適合所有題材的演講,但若能用得得當,可以展現聲勢,語氣一句比一句重、一句比一句有力量。林肯在以「尼加拉大瀑布」為題

材的那篇演講稿中,就使用了降升法。

他以哥倫布、耶穌、摩西、亞當等生活的年代,與尼加拉大瀑布一一相比,且例證一個比一個有力量。

「這要推到無限久遠,當哥倫布最初發現這塊大陸,當耶穌基督被釘在十字架上,當摩西率領以色列人渡過紅海,啊,甚至亞當從救世主的手裡出生,從那時到現在,尼加拉就在這裡怒吼。一個古代巨人的眼睛像現今我們人類的眼睛一樣,曾看見過尼加拉。

與第一代人種同時代,甚至比人類的第一個始祖還老,一萬年前的尼加拉和現在是同樣的『生氣蓬勃』。我們見到過那巨大化石的前世巨象、爬蟲,牠們也曾見過尼加拉——從那樣久遠的年代起,尼加拉從未靜止,從未枯竭,從未睡去,從未休息。」

5. 情感結束

充滿感情的結束,最能打動聽眾的心,是一種非常完美的結尾。

威爾斯親王在加拿大帝國俱樂部所發表的一篇演講的結尾就是以真摯的情感作為結束:「諸位,我恐怕已經離題太遠,講太多關於我自己的話了,但是我很榮幸地向今天到場的聽眾們說出我的使命和責任,我只能向諸位保證,我一定努力去完成我的責任,以期不負各位的重託。」

「逃避」也不錯，何必針鋒相對

勇敢面對是解決問題的積極態度，但是偶爾迴避、逃跑的做法，若運用到口才中也會對我們有很大的幫助。

很多人可能會不解地問：「逃避怎麼會是好的方法呢？很多的口才書籍以及口才培訓的教材上，都寫著遇到困難不要逃避、要勇敢面對之類的話，那這裡為什麼認為逃避是一個好的方法呢？」

不要急，聽我慢慢說來：

逃避，簡單來說就是不去正面回應。要知道，很多無聊的人就是喜歡搬弄是非，以調侃揶揄別人為樂。要是你越把他們當回事，他們便越激動，甚至會把這當成一種表演。要是把這類人的表演欲望挑起來了，那麼他們就越難對付了。所以，在你覺得一些問題很無聊，不妨乾脆不要去理他們，對方擺出一副要和你決鬥到底的氣勢，而你淡淡地不做出回應，讓對方自討沒趣，看對方還神氣什麼。

當然，這只是簡單意義上的逃避。逃避還有更深層的意思，便是不去正面地迎接挑戰，故意避開鋒芒，避開對方最尖銳的部分，尋求別的突破口。

有個十分小氣的人，全村都知道他喜歡占小便宜。有一年冬天，他買了一尺布，找裁縫做帽子。那裁縫也對他的個性略

知一二，在幫他量了量頭圍後，說：「好的，布夠了，你過幾天來拿就可以。」他走出門，心裡想著：「布夠了？哼，這個裁縫一定騙人，他會把多出來的布再賣給別人。布絕對是多的！」於是他轉回去問裁縫，裁縫說：「是多了一點。」他又問：「多的布能不能再做一頂？」裁縫見他又犯了貪小便宜的毛病，只好笑著說：「當然可以啊！」

這次，此人高興地走出門，但沒走多久他又在想：「當然可以？恐怕還有多的，不然他怎麼這麼爽快呢！」他越想越不對勁，就又轉回去問裁縫：「做三頂帽子夠不夠？」那裁縫見他這樣，的確是沒有辦法，只好說道：「只要你願意，做十頂都可以！」他一聽，高興得不得了，問：「十頂帽子都能戴在頭上嗎？」裁縫答道：「當然可以啊！」這回，這人開開心心地回家去了。

一個星期過去了，那小氣鬼到裁縫這裡拿帽子。一看，頓時說不出話來了。原來，那十頂帽子都做得非常小。他非常生氣，憤怒地對裁縫吼道：「你不是說十頂帽子都能戴在頭上嗎？這麼小，你叫我怎麼戴啊？」裁縫說：「怎麼不能戴了？戴在手指頭上不是可以嗎！」小氣鬼聽了，火冒三丈，說：「你見過誰把帽子戴在手指頭上的呢？」

裁縫又好氣又好笑：「一尺布要做十頂帽子，不戴手指頭上，那你還想戴在哪裡啊？」

看了這個故事笑過以後，我們可以想一想，如果我們就是那個裁縫會怎麼做呢？也許有人會說，絕對在做之前就指出他的錯誤。但是面對這樣一個喜歡貪圖小便宜甚至疑神疑鬼的人，我們的勸解往往會招來對方的猜忌。我們不如學學這裡的裁縫，避開他的毛病，一開始全都按照他的要求來做，等到結果出來的時候，用事實把他叫醒，讓他清楚地看到問題所在，這樣豈不是更好？

現在你們認為，偶爾的逃避是不是很重要呢？

自己先照照鏡子再發言

「自己先照照鏡子再發言」的意思就是在說話之前先想想自己的輕重，不要說出和自己不相符的話。

這句話看似簡單，但是真正能做到的人卻不多。很多人在說話的時候高估了自己的實力，不僅容易說大話，還有可能失去自己本應該得到的，惹來麻煩。

在經濟大蕭條初期，一位被解僱的老師四處求職，好不容易得到了一所學校的面試通知，他認真地準備了很久，十分珍惜這次機會。在面試的時候，他迫切希望得到一份工作的心情也打動了董事會。董事會成員非常讚揚他的口才及他的實事求是。

5　幽默勝於鋒利言辭，影響更深遠

　　董事會成員一致表決通過，認為應該聘請他在學校任教。這時，董事長忽然想到了什麼問題，對他說道：「好吧，你的優異表現打動了我們，我們歡迎你在此任教，我們願意聘請你。但是這裡還有一個問題，請你告訴我們一件事，我們這個學校目前對地理問題還有很大的意見分歧，我們想知道你站在哪一邊。你講授地球是圓的呢？還是講授地球是扁平的呢？」

　　這個問題倒是提醒了董事會的其他成員，他們都認真地等著這位老師的答案。

　　「兩種講法我都會教。」這位教師立即回答道。

　　關於地球的形狀，在當時的學術界是一個爭論很大的問題，區區一個急於找到工作的老師，為了自己的生計，大可不必捲入這場學術爭論，倘若一句話說得不好，丟了工作怎麼辦？好在這位老師知道自己的分量，不去參與這些爭論，只求自己能得到一份工作。

　　在職場中，沒有自己先照照鏡子再發言的結果就更加嚴重了。最可怕的便是參與高層的權力鬥爭。這些人錯估了自己的實力，我們回頭看看歷史上，因為參與皇室鬥爭失敗而身敗名裂的人不在少數。當年玄宗皇帝想要廢太子李瑛為庶人的時候，宰相張九齡直接勸皇帝：「太子是國家未來的皇上。他生長在皇宮中，直接得到皇上的教育，怎麼能一怒之下就把他廢了呢？我從來沒有聽過這樣的事。」玄宗皇帝很不開心。

而李林甫在朝議之時，什麼話也沒有說，面和氣順，不露聲色。等到退朝之後，他私下和皇帝說道：「太子是皇上您的兒子，廢不廢太子，乃至立誰為太子，都是皇上的家事，何必問外人呢？皇上您自己決定就是了。此乃皇上家事。」雖然李林甫是有名的奸臣，但是他在這件事上的處理方式還是值得稱讚的。很多人說他為人狡詐陰險，但是如果我們就事論事地說，作為一個大臣，如果對皇帝廢立太子這等大事過多地發表意見的話，往往會惹火上身，難以全身而退。

在現代的職場中也是一樣，很多人為了一時的利益參與主管階層的鬥爭中，可能會得到一些小利益。可是從長遠看來，如果自己選錯邊，那後果不堪設想。其實，如果你是一個普通的員工，做好自己的本職工作即可，倘若你真的有才華，能為公司帶來很好的效益，無論哪位主管都會給你相應的職位。與其參與這種危險的權力遊戲，還不如認真做好自己的本職工作。

想要前進，不如先退一步

有句古話叫「以退為進」。在體育比賽中，我們也可以看到這個道理的運用。踢球的球員往往先退幾步，才能又準又狠地把球踢進球門；投擲標槍的運動員，在投擲的時候也是先退幾步，才能獲得更大的力量。如果你有了目標就不分輕重地橫衝直撞，結果可能不盡理想，不如先退一步，以退為進，以求順

5 幽默勝於鋒利言辭，影響更深遠

利地達到目的。

當年，漢高祖劉邦有一次問韓信：「將軍看我能帶多少兵馬？」韓信說：「陛下帶兵最多不超過十萬。」貴為皇上的劉邦聽了這話當然不高興，接著又問：「那你能帶多少兵呢？」韓信說：「我和大王不同，我帶兵則是多多益善。」

論地位，韓信那時已是一人之下萬人之上，照理說應該謙虛一點。但他不了解「以退為進」，太過直率地說出了自己的想法，這樣子說話，叫劉邦怎麼能不懷疑他？韓信不僅自己性命不保，還被誅殺三族，結局悲慘。

道格拉斯（Stephen Arnold Douglas）和林肯的辯論十分有名。但是在歷史上，他們還有過一次有趣的對話。道格拉斯在總統競選中輸給了林肯。但他很不服氣，總想找機會讓林肯難堪。這一天，他見到了林肯，便大聲地對他說道：「總統先生，記得您以前只是個小商店的店員，販賣劣質的酒和雪茄，不過您可真是個有風度的店員啊！」當著這麼多人的面，道格拉斯意在打壓林肯的風頭。

林肯當然明白他的意思，當著這麼多人的面，他回答道：「您說得一點也沒有錯，我之前的確當過店員。那時候，道格拉斯先生還是我的常客，我們分別站在櫃檯的兩側。可是現在我已經從那裡走出來了，而道格拉斯先生您還是在櫃檯的那一側，不肯離開。」

想要前進，不如先退一步

面對道格拉斯又一次嘲笑地翻出自己的過去，林肯並沒有否認。乍看之下，似乎林肯已經示弱了，但是林肯正是「以退為進」，他先大方地承認了自己的過去，然後話鋒一轉，把兩人現狀做了個很好的對比，這種對比引發的反差，讓發難者無地自容。

還有一個故事也是說「以退為進」的。《史記‧滑稽列傳》中記載著這樣一則幽默故事：

楚莊王十分鍾愛一匹馬，由於過分的喜歡，楚莊王從來捨不得騎這匹馬，導致這匹馬最後因為過度肥胖而死了。楚莊王十分傷心，他命令全國人民悼念這匹馬，並要為這匹馬專門準備一口棺材，按大夫的禮節舉行葬禮。文武百官見皇上做出如此荒誕的行為，紛紛上前勸阻。楚莊王心生怒火，下令「誰再勸阻，就砍了誰的頭」。

有個叫優孟的人聽說了這件事，進宮後大哭起來。楚莊王問他為什麼哭，優孟說：「這匹馬是大王最疼愛的馬，楚國這麼大，什麼都有！倘若只以大夫的標準來下葬，豈不是太委屈牠了，枉費大王的一片苦心啊！我覺得，大王應該用群王的標準來厚葬牠。」楚莊王聽到後十分高興，趕緊問他應該怎樣下葬才最好。

優孟說：「最好用上等的白玉做棺材，請最好的工匠雕刻上最精美的花紋，然後用梓木做外槨。還要建一座廟宁，為馬

129

5 幽默勝於鋒利言辭，影響更深遠

立個牌位，放在裡面，並追封牠為萬戶侯。這樣天下的人就知道，大王是賤人而重馬了。」

楚莊王聽到這裡，終於醒悟了過來，也感嘆於優孟的一番苦心。

優孟看上去是在順著楚莊王的意思，應該違背禮制而厚葬這匹馬，甚至要將標準提高到群王的規模。而事實上，他正是用這種「以退為進」的方法，順著楚莊王的意思把事情推理到極其荒唐的地步，不僅警醒了楚莊王，還巧妙地避開了他的排斥心理。

看到目標在前，很多人便急不可耐，不顧一切地向著目標前進，的確有一股風雨無阻、勇往直前的作風。有這樣的魄力固然是好事，但是我們也要冷靜下來想一想：這種做法在任何時候都合理嗎？

除了上面提到的兩個例子外，在生活中我們也會遇到一些這樣的情況，如果你一味向前衝卻找不到突破口，此時我們不妨先退一步，試試「以退為進」，避免正面的衝突，做出表面的妥協，等到對方出現漏洞時再加以反攻。從短時間來看，這樣的做法也許是後退，但是把眼光放長遠一些，其實我們已經踏踏實實地前進了一大步。

金盔鐵甲不如鐵齒銅牙

現代社會，人們越來越缺少安全感，騎車要戴安全帽，開車要繫安全帶。人們把自己的安全寄望於這麼一件小小的塑膠製品，恨不得用金盔鐵甲把自己武裝起來。

其實，再多的裝備也只能保護我們的身體。但保護我們的心靈也是頭等大事。金盔鐵甲只能保護我們的身體不受傷害，如果要讓我們的心靈不受傷，我們就需要用鐵齒銅牙來武裝自己。

在生活中，別人的言語常會在不經意中傷害我們的心靈與自尊，如果我們也有鐵齒銅牙，便能很好地把自己保護起來。

一休小和尚在日本是家喻戶曉的小名人，他不僅聰明，而且伶牙俐齒，大家都說他機智過人。一休從小便生活在寺廟中，後來，當地的大臣聽說他本是名門之後，聰明絕頂，也許是心生妒忌，對他有些不服，便對他的佣人說：「我想見他一面，把他召進府來！」

大臣的佣人便到一休所在的廟裡，對老和尚恭敬地說：「大臣殿下說想見見一休小和尚，叫我帶他過去。」

老和尚知道大臣要為難小一休，便勸他要多加小心，一休笑著說：「沒關係，我去去便知道了。」

佣人把一休帶到府裡，大臣在大廳上見到一休，便笑著說道：「蠻機靈的小孩，果然和大家說得一樣啊！」說完，還叫佣

5 幽默勝於鋒利言辭，影響更深遠

人搬椅子給一休坐，請他喝茶吃點心。不過，他心裡還是想著怎麼刁難一休，看看他到底有多聰明。正巧，在寬敞的大廳裡有一架漂亮的大屏風，上面畫著一隻栩栩如生的大老虎和一片竹林。那老虎抬頭挺胸，傲視群山，彷彿馬上就要撲出來似的。

大臣眼珠一轉，便對一休說：「這上面畫的老虎，一到午夜，就掙脫畫面跳出來，在院子裡轉來轉去，十分嚇人，大家都非常害怕，也不敢出門。今天我叫你來，便是請你幫我想想辦法，把他綁住，別再讓他下來了。」

聽大臣說要綁住畫上的老虎，大廳裡站著的僕人、隨從都覺得不可能，不過他們也都很想看看聰明的一休要怎樣應對。

「這可不是好玩的！」一休明白大臣的意思，但他依然很沉著，倒是一起來的和尚替他緊張起來，不禁捏了一把汗。

「好，我來綁。請借根繩子給我吧！」想了一會後，一休認真地說道。隨從拿來了一條很結實的繩子。大家心裡都很好奇，難道一休真的要用繩子綁住畫上的老虎嗎？

大夥兒又緊張又興奮，都等著看好戲。

一休認真地把手帕繫在頭上，又把一根細帶從背上交叉繫在身上，然後，他拿起繩索，一雙赤腳「啪」的一聲跳到屏風前面。他手拿著繩子，兩臂張開，兩腿分開站成騎馬狀，大聲喊道：「喂，攆到這裡來！看我如何馬上把牠綁住！」

「嗯——？」

大夥兒愣了一下,這畫上的老虎怎麼能趕到院子裡呢?大家無不佩服,齊聲叫好,為他鼓掌。

一休還是個小孩子,在面對刁難的時候也是用這種最童真的方法去回擊。一個孩子保護自己的能力是很弱的,但是這裡的一休卻用這樣的方法保護了自己,沒有被對方的刁難嚇到。

在生活節奏越來越快的今天,如何在日常與人交往中保護自己的心靈尤為重要,因為一個人的心靈破碎,他的人生將無法完整。

幽一默海闊天空

有時候兩個人說話,說著說著就吵了起來,後來大家一問,才知道不過就為些雞毛蒜皮的小事,何必吵得面紅耳赤的呢?這樣的人,其實是少了幽默的精神。

如果要細算幽默的作用,那可能幾本書也寫不完。幽默總是能無所不在地在你的生活中發揮作用,只要使用恰當,其作用可能出乎你的意料。比如,幽默和爭吵也許沒有什麼直接的關係,但是善用幽默的人往往能避免很多爭吵。懂得用幽默的人,不僅可以壓住自己的火氣,還能讓對方消氣。幽上一默勝過上一堂大課,類似的例子比比皆是。

有過談判經驗的人一定對談判桌上那種針鋒相對的氣氛印

5 幽默勝於鋒利言辭，影響更深遠

象深刻，畢竟大家都是在為自己爭取利益，在利益上你爭我奪，是很直接的競爭關係，所以誰也不敢馬虎。但是，在談判桌上的幽默也能帶來意外的效果呢？

有一次，三名日本航空公司的代表前去美國與某服務公司的人員洽談合作事宜。美方人員顯然做足了功課，他們早就仔細地研究了對手公司的資料，想著在談判桌上大顯身手。這不，談判才一開始，美方人員便滔滔不絕地說。他們從兩公司的歷史說起，一直說到合作的經歷，最後終於說到要是兩公司能合作，他們一定會為日本公司帶來極大的效益，所以對方應該繼續壓縮他們的報價。滔滔不絕地說了一個小時後，他們滿意地坐了下來，心想，日本人肯定招架不住這樣的攻勢，於是邊笑邊看著這幾名還未發言的日本人。

幾個日本商人則繼續呆坐在那裡。

最後，美方代表心滿意足地問道：「我們說完了，你們有什麼看法？」

「很抱歉，我們沒有聽懂。」日本人略帶抱歉的口吻，很有禮貌地回答道。美方代表心裡一驚，不安地問道：「這是什麼意思？哪裡沒聽懂，我們可以再解釋一下。」

「你們開始講的全部。」日本人繼續彬彬有禮地說道，「要是不介意的話，你們全部再說一遍吧。」

美方代表頓時心灰意冷，一開始己方滔滔不絕，輪番上陣，

不料對方一句沒有聽懂，頓時信心和耐心都沒有了，誰也沒有從頭再說的興趣了，只好接受日本人的價格要求，結束了談判。

　　說到日本人，也許很多人會想到他們那善於狡辯的特質，但是在這裡，日本人幾乎沒有狡辯，他們只是巧妙地運用了心理戰術，便把美國人擊潰。

5　幽默勝於鋒利言辭，影響更深遠

6 巧用幽默點破問題，照樣得人心

每個人都有因受到批評而不開心的時侯，西方心理學說，很多人都有抗拒批評的心理，既然我們自己都不喜歡嚴厲、直白的批評，那麼在別人做錯事的時候，我們又該怎麼去指出別人的不對呢？

尖酸討人嫌，刻薄招人厭

尖酸刻薄並不是幽默。

沒有人喜歡尖酸刻薄的人，這類人靠著自己的一點小聰明，在語言上下點功夫，便對別人的短處橫加批評。比出口成「髒」更可恨的是，他們往往得意於自己的傑作，略施小計後還總是得意不已。擅長幽默的人往往容易犯尖酸刻薄的毛病，尤其在批評別人的時候，這類人有智慧、有口才，所以說話若不注意經常會變成刻薄。我們在運用幽默的時候要特別注意這一點，不然，便會為人所詬病。在很多時候，我們都要避免自己的話過於刻薄。

在某報社發生了這樣一件事。這天，編輯收到一份稿件，寫的是一首現代詩。編輯看著感覺眼熟，仔細一想，原來是抄襲別人的，便沒有採用。沒想到，這位作者幾天後來詢問此事，編輯只好問道：「這是你自己原創的嗎？」

「是啊，」作者不假思索地回答道，「百分之百是我自己的作品。」

編輯突然脫下帽子，尊敬地說道：「原來你就是這位大名鼎鼎的現代詩人啊，你不是已經過世了嗎？」

這位作者聽到這裡，窘得恨不得找個地洞鑽進去。十九世紀義大利著名作曲家羅西尼（Gioachino Antonio Rossini）向來提倡原創，他也遇到過類似的情況。

有一天，一位年輕的作曲家來拜訪他，帶來了自己的許多創作，還坐到鋼琴前彈奏給羅西尼聽。此行，他一來想聽聽大作曲家的意見，二來還想炫耀自己的才華，希望得到羅西尼的讚賞。羅西尼一邊聽著，一邊不斷地脫帽鞠躬。

年輕人覺得很奇怪，不明白羅西尼為什麼要這麼做，便問他：「是不是房間太熱了？」羅西尼回答說：「不是房間太熱。也許你還不知道，我有一個習慣，遇到熟人，我就脫帽鞠躬。在你剛剛彈奏的曲子裡，我遇到了那麼多的熟人，不得不總是脫帽致敬了！」

這個年輕人聽出了羅西尼話裡的意思，感到十分慚愧，立刻停止了彈奏。抄襲是很不誠實的行為。在第一個故事裡，那位作者不但沒有意識到，反而理直氣壯地來報社詢問自己稿子的事，這樣的行為的確很可恥。當然，也許是作者的無知，但是如果編輯冷言冷語地嘲諷，不僅會傷害他的自尊，也許還會減低他寫作的積極性。編輯以這樣一種幽默的方式，恰到好處地點出了對方的缺點，讓他及時地改正。

第二個故事裡的羅西尼也沒有直白地指出對方的錯誤，更沒有尖酸刻薄地嘲諷他的行為，因為這樣會傷害一顆喜歡音樂的心。所以，不如以這樣的方式去警醒對方，使他能在藝術的道路上越走越遠。

看了上面的兩個故事，回到我們自己身上。面對尖酸刻薄，

我們又應該怎麼處理呢？其實，只要注意兩點，我們便不至於被尖酸刻薄所擊倒。

首先，我們自己應該盡量避免讓人留下尖酸刻薄的印象。既然前面說了那麼多尖酸刻薄的壞處，那麼我們自然不能成為這樣的人，這就要求我們在說話的時候多站在對方的角度想一想，想想對方聽到自己的話會是怎樣的心情。切記，不能對對方人身攻擊，也不可過多地嘲笑對方的缺點，因為這些都是尖酸刻薄的表現。

另外一點，在遇到尖酸刻薄的人時，應該如何面對呢？在生活中，總是會有些同事說話不好聽，或是某同學喜歡挖苦人，這種時候光忍耐是不行的，這樣只會挑起對方更大的興趣，如果直接以武力回擊，又會有損於自己的風度。其實，尖酸刻薄的人大多在乎自己的面子，他們嘲笑別人無非就是想提高自己的地位，知道了這一點後再去反擊他們，便十分容易了。比如，有位同事總是嘲笑你的頭髮，說它亂糟糟的像雞窩的時候，你可以同樣微笑著對他說道：「你不知道我就是因為頭髮不好看才來這家公司的嗎？但是不知道你的髮型這麼好怎麼也在這裡？你應該去拍洗髮精廣告的，在這裡真是可惜了。」這樣的回擊鏗鏘有力，又不失風度，保證對方再也不敢嘲笑你了。

機智圓場技巧多

在一場同學聚會上，大家見面之後分外親切，聊得十分高興。這時，一位男士跟一位女士開玩笑說：「你當初可是主動追求我的，現在還想我嗎？」按理說，在老友重逢的氣氛中，這些話無傷大雅，但這位女士由於某種原因心情不好，竟然臉色一變，氣呼呼地說：「你神經病！誰會追求你這種齷齪的人。」

她的聲音很大，在場的人都驚訝地看著她，覺得很尷尬，場面一下子冷了下來。這時，另一位女士站了起來，笑著說：「我們小妹的脾氣還沒變啊，她喜歡誰，就說誰是神經病，說得越厲害越讓人受不了，就表明她越喜歡。小妹我說得對吧？」這番話，讓大家都想起了大學時的美好生活，不由得七嘴八舌互相開起玩笑來，一場風波就此平息。

在交際中經常會遇到上述那種尷尬的場面，這時如果有人審時度勢，準確掌握雙方的心理，藉助恰到好處的話語及時出面打圓場，化解尷尬，就能維護交際活動的正常進行。

要想成功地打圓場，可以針對實際情況靈活應對，或用幽默的話語轉移話題，製造輕鬆氣氛；也可以故意歪曲對方話裡的意思，而做出雙方都能接受的解釋；也可以肯定雙方看法的合理性，找到雙方都能接受的解決方法。

1. 轉移話題，製造輕鬆氣氛

在交際場合中，如果某個較為嚴肅、敏感的問題弄得交談雙方都很尷尬，甚至妨礙交談正常順利進行時，我們可以經由轉移話題，用一些輕鬆、愉快的話題來改變氣氛，轉移雙方的注意力，從而緩和尷尬的局面。若朋友之間為了某個問題爭得面紅耳赤、僵持不下時，可以說一個笑話，讓雙方的情緒緩和下來，在輕鬆的氣氛中化解尷尬，使交際活動持續順利進行。

2. 找個藉口，給對方臺階下

有些人之所以在交際活動中陷入窘境，常常是因為他們在特定的場合做了不合時宜或不合情理的事，使大家或個人陷入尷尬的處境。在這種情形下，最有效的打圓場的方法，莫過於換一個角度著眼或找一個藉口，以合情合理的解釋來說明對方有悖常理的舉動在此情景中是合理的，這樣一來，尷尬就解除了。

有一次，有一名演員和丈夫舉辦敬老晚宴，請了文藝界許多著名的前輩，時年90多歲的著名畫家齊白石在看護的陪同下也前來參加。老人坐下後，就拉著這名演員的手目不轉睛地盯著她看。看護帶著責備的口氣對齊老說：「你總盯著別人看幹嘛呀？」白石老人生氣地說：「我這麼大年紀了，為什麼不能看她？她長得好看。」說完，老人家氣得臉都紅了，弄得大家很尷尬。

這時，這名演員笑著對白石老人說：「您看吧，我是演員，不怕人看。」在場的人都笑了，現場氣氛也緩和下來了。在這裡，這名演員恰當地運用了打圓場的技巧，強調了事件發生的合理性，以「自己是演員」為理由，證明白石老人看自己是正當而合理的，這樣就順利地擺脫困境，也替對方找到了此行為的理由，交往活動也就能正常地進行了。

3. 善意曲解，化干戈為玉帛

在交際活動中，交際的雙方或第三者由於彼此言語之間造成誤會，常常會說出一些令人感到驚訝的話語，做出一些怪異的行為舉止，從而導致尷尬和難堪的場面出現。

為了緩解這種局面，我們可以採用故意「誤會」的辦法，裝作不明白或故意不理睬他們言語行為的真實含義，而從善意的角度來做出有利於化解尷尬局面的解釋，即對該事件加以善意的曲解，將局面朝有利於緩解的方向引導轉化。正如本文開頭同學聚會的例子，批評哪一方都是不合適的，只會更加劇矛盾，破壞聚會的氣氛。這時候，最好的辦法就是從善意的角度，對雙方的語言做出「歪曲」的解釋，故意把女士的話理解為是一種「喜歡」，引導大家一起回憶過去的美好時光。在這樣的氣氛中，大家會很快忘記尷尬和不快，而尷尬的場面也就煙消雲散了。

善意的曲解是彌補別人一時的疏忽，消解別人心中的誤解

和不快，確保人際交往的正常進行，是一種很有效也很有必要的交際手段。

4. 審時度勢，讓各方都滿意

有時在某種場合中，當交際雙方因彼此意見不同而爭執不休時，很難說誰對誰錯。作為調解者，應該了解爭執雙方此時的心理和情緒，一視同仁，以免加深雙方的差異，要對雙方的優勢和價值都予以肯定，在一定程度上滿足他們的自我實現心理，在這個基礎上，再拿出雙方都能接受的建設性意見，這樣就容易被雙方所接受。

有時候，當人們因固執己見而爭執不休時，陷入僵局、難以緩和的原因往往已不是雙方的看法，而是彼此的爭勝情緒和較勁心理在作祟。實際上，對某一問題的看法本身常常不是固定不變的常數，隨著環境的變化和角度的轉換，不同乃至對立的看法可能也都是合理和正確的。因此，我們在打圓場時要抓住這一點，幫助爭執的雙方換一個角度立場來看待爭執點，靈活地分析問題，使他們意識到彼此看法的相對性和包容性，從而讓雙方停止無謂的爭論。

一次，學校舉行康樂活動，教師和員工分成兩組，自行編排和表演節目，然後進行評分。表演剛結束，坐在下面的人就分成兩派，吵得不可開交。

眼看活動要陷入僵局，主持人靈機一動，對大家說：「到底哪個組能得第一，我看應該依實際狀況作分析：教師組富有創意、熱情洋溢，應該獲得創作獎；員工組富有朝氣、精神飽滿，應該獲得表演獎。」隨後，主持人宣布兩個組都獲得了第一名。

這位主持人清楚康樂活動本身的目的並不在於真正分出高下，重要的是激發教職員工參與康樂活動的熱情。基於這一點考慮，在比賽出現爭議的局面時，他並沒有和他人一樣爭論孰優孰劣，而是強調了兩組不同的特點和優勢，對兩組的努力給予肯定，結果就很容易被大家所接受了。

好話好說方見真心

說話不僅要我們說，還要對方聽。想一想，如果我們一番好心，卻由於沒有注意所說的話，弄得對方心裡不開心，那我們豈不是很冤枉。我們自認為好心，就什麼都說出去，以為對方能了解自己的一番好意，對方固然知道你是好心，可是你這樣口無遮攔、不經考慮，就怕好心也要把別人氣走了。

有這樣一個廣為流傳的故事，說是有個人的朋友生了小孩，他便跑去祝賀。看見小孩後，他又親又抱的，喜歡得不得了，朋友見狀，當然也十分開心。這個人說道：「這小孩真是可愛，這麼惹人喜歡，你們可要好好照顧啊，別夭折了。」聽到前

面兩句，主人笑顏逐開。沒想到這人突然來了這麼一句，頓時臉垮了下來。這個人見狀，知道是自己說錯話了，便馬上解釋道：「我不是那個意思，這孩子這麼可愛，死了當然可惜啊。」主人幾乎暈了過去。

這個故事也許有些誇張，但是也說明了一些人的缺點。這些人都是好心人，但就是在說的時候出了錯。比如，誰要是買了新車，他們絕對會跑去欣賞一番，但最後也許會來一句：「開車要小心啊，千萬別出車禍了。」這讓人哭笑不得，其實他們是真的在為你擔心，但就是這話讓人聽了就不舒服。

說了這麼多反面例子，讓我們來看一個正面的例子吧。

簡雍進言的故事也說明了好話還要好說。《三國志‧蜀書‧簡雍》中的記載是這樣的：

時天旱禁酒，釀者有刑。吏於人家索得釀具，論者欲令與作酒者同罰。雍與先主遊觀，見一男女行道，謂先主曰：「彼人欲行淫，何以不縛？」先主曰：「卿何以知之？」雍對曰：「彼有其具，與欲釀者同。」先主大笑，而原欲釀者。雍之滑稽，皆此類也。

大概意思是說老天乾旱成災，皇帝便下令禁酒，就連家裡搜出釀酒器具的也要一併受罰。這種規定激起了極大民怨，但百姓敢怒不敢言。簡雍看到這種情況，心裡想著要勸諫皇上。有一次，他和皇上外出，看見一男一女往叢林裡走去，簡雍大

聲說道:「把他們兩個抓起來!」皇帝不解,問:「為什麼?」簡雍一本正經地回答道:「他們身上有淫亂的工具,當然要抓起來啊。」皇帝聽完大笑起來,也明白了簡雍的一番苦心。

俗話說「伴君如伴虎」,提建議給皇上是件很危險的差事。一旦說得不妥,龍顏大怒,性命都難保,所以需要謹慎地運用自己的智慧,即使是憂國憂民,也要方法得當。簡雍沒有直言皇上的不對,而只是以這樣荒誕滑稽的方式去提醒皇上,效果非常好。

我們在提意見給上司或是長輩的時候,也要注意自己的措辭。尤其是提意見給上司時,雖然不像古時候提意見給皇上那樣充滿風險,但是處理不當,得罪了主管,對自己以後的職場發展也怕帶來不好的影響。所以,在提意見給主管時,即使你確定自己的意見可以帶給公司極大的好處,最好也能有一個好方法,讓主管可以樂於接受你的意見,不至於因為你的直接而下不了臺,這才是主管最喜歡的員工。

動動腦,把批評說得對方也愛聽

每個人都有因受到批評而不開心的時候,西方心理學說,很多人都有抗拒批評的心理,既然我們自己都不喜歡嚴厲、直白的批評,那麼在別人做錯事的時候,我們又該怎樣去指出別

6 巧用幽默點破問題，照樣得人心

人的錯誤呢？

良藥苦口，我們可以加點糖，逆耳的忠言呢？我們該加點什麼才能讓它聽起來更順耳呢？答案便是幽默。

很多時候，當我們想要批評別人的時候，可以換位想一想，倘若自己處在對方的位置，是不是也不願聽到這樣批評的話，所以我們要注意自己的表達方式，在自己的話裡面加些幽默，這樣略帶甜味的咖啡是每個人都願意接受的。

在宋代文人隨筆《調謔編》中有這樣一個故事：

有位叫郭祥正的詩人十分仰慕蘇軾（世稱蘇東坡）。有一次路過杭州，他特意把自己寫的一卷詩送給蘇東坡鑑賞，東坡還沒有看到詩，他便自我陶醉般地吟詠起來，搖頭晃腦，情感洋溢，完全沉醉在自己的詩中。吟完詩，他便徵詢東坡的意見：「依您看來，此詩能打幾分？」

東坡不假思索地說道：「十分。」郭祥正十分高興，心想自己的詩得到了大詩人的肯定，又問怎麼能有十分。東坡微笑著答道：「這十分，七分來自讀，三分來自詩，不是十分又是幾分？」

郭祥正的詩寫得怎樣，我們不好去評價，但他請別人鑑賞時卻自己陶醉起來，顯得有些不合時宜。在蘇軾的眼中，可能這詩的確不怎麼樣，可是他自己的感覺這麼好，蘇軾也不想潑他冷水，於是以這樣一種幽默的方式點明自己的想法，也讓郭祥正能繼續地努力。

無獨有偶，魯迅的第二任妻子許廣平在當學生的時候寫過一篇〈羅素的話〉的論文，交給魯迅批閱時，魯迅寫下「擬給90分，其中5分給你（抄工3分、末尾的幾句議論2分）、其餘的85分都給羅素」的評語，暗示許廣平的論文裡面大多是羅素的原話，自己的論點不多。魯迅沒有明說，是讓許廣平能自己體會其中的意思，在日後的創作中好好改正。

如果在職場中你是一位老闆，當下屬犯錯的時候，你會不會仗著自己的地位狠狠地訓斥他們呢？這樣的訓斥可以讓他們幾天內不再犯，但你無法確定他們在心裡是否真正意識到自己的錯誤。他們也許會產生反抗心理，這樣一個充滿反抗情緒的公司，效益和前途可想而知。也許，你可以學學下面的這位老闆：

美國有一位連鎖店的老闆，他在責罵下屬的時候就很注意方式。有一次，他想去店裡看看情況。他獨自一人來到大廳，見一位顧客在櫃檯前詢問著價錢，卻沒有一個服務生理他。原來，服務生正躲在一處偷懶。老闆看到這裡也沒動怒，只是走到櫃檯前，十分禮貌周到地接待了這位顧客。服務生們看到這種情形慚愧不已，在以後的工作中再也沒有偷懶了。

這樣的方式，不僅溫文爾雅，不至於引起對方的敵意，還能答到立竿見影的效果。學會了幽默的批評，你可以更好地處理人際關係，比如鄰居每晚看電視至深夜，吵得你無法入睡，你可以略開玩笑地問他可不可以借用電視幾天，這樣一來，我

6 巧用幽默點破問題，照樣得人心

想鄰居自己也會意識到這個問題，既解決了你的煩惱，又避免了引起鄰居間的不合。

懂得保護對方的傷疤

傷疤這種東西，如果被揭開了，便會露出血淋淋的傷口，疼痛不已。所以，我們也應該懂得去保護別人的傷疤。

如果某天你走在路上無意間看見一個十分在意自己形象的女同事不小心摔倒了，而此時她並沒有看到你，你會怎麼做呢？是走過去扶起並安慰她呢？還是裝作沒看見似的默默走開？大多數人可能會英雄救美，跑過去把別人扶起來，然後噓寒問暖地問她有無受傷，要不要去醫院等等。

這樣做真的合理嗎？

如果是我，我會選擇默默地走開。試想一下，摔倒是極其尷尬的事情，更何況對於很要面子的女同事呢。摔倒後的她，即使有些疼痛也沒有關係，最擔心的應該是被熟人看到。如果你此時跑過去，那麼她的擔心便成為了現實，你的行為反而會加重她的心理負擔。所以，不如默默地在遠處看著，如果她能自己爬起來，並無大礙，那麼你接下來應該做的就是當作什麼也沒有看到。

這樣做才是真正地保護對方，不揭開他人的傷疤。

懂得保護對方的傷疤

在一場舞臺劇演完後，女主角去浴室裡洗澡，不巧這時有人打電話來，說是有急事要找女主角。正好，導演接到了電話，於是他便去浴室裡找人。浴室有一排，一進浴室門是更衣室，浴缸和更衣室中間有屏風隔開。有幾個浴室的門口都放著鞋子。由於事情很緊急，所以導演也來不及多想，走到最近的一個浴室便推門而進，他以為女主角在屏風後的浴缸裡，所以走進去也沒有關係。

沒想到這時，女主角已經洗好澡了，正在屏風外換衣服。她正用毛巾擦頭髮，身上還來不及穿上衣服，裸露著站在那裡。

看到導演衝了進來，她猛地吃了一驚，大叫了一聲「啊」，不知所措地站在那裡。

導演也被這突如其來的尷尬嚇得愣住了，慌忙地後退關上門，心想，這下女主角肯定嚇壞了。

不過，導演靈機一動。他馬上大聲說道：「真對不起啊，大衛先生。」他喊出了劇組另一位男士的名字，「我也急著洗澡，就衝了進去，您慢慢洗吧，我換個浴室便是了。」

女主角知道導演把自己當成了別人，長長地舒了口氣。

導演的才氣在這短短的幾秒鐘顯露無疑。遇見這種事，就算你百般解釋和自責都無法彌補對方的心理陰影，於是，導演索性來個「偷梁換柱」，從而徹底地去除了對方的心理陰影，也緩解了自己的尷尬。

6 巧用幽默點破問題，照樣得人心

記得我有一次去郵局辦理業務的時候，還碰到一件十分有意思的事：

有位老太太準備寄張明信片，可能是手不太好用力，她便客氣地和旁邊一個年輕人說道：「年輕人，能幫我在明信片上寫上地址嗎？」

「好啊！」熱心的年輕人爽快地答應了，接過老太太手中的明信片，認真地填寫起來。

「還有什麼要幫忙的嗎？」寫完後，他繼續問道。

「你再幫我寫上幾句祝福的話吧！」看到年輕人這般熱心，老太太繼續說道。

「當然可以啊！」小夥子繼續在明信片上寫著祝福。

寫完後，他把明信片交給老太太。老太太看過後，眉頭輕輕地一皺，似乎有什麼不滿意，但是又不太好直說。不過，她還是叫住了年輕人，面帶笑容地說道：「你還能再幫我個忙嗎？」

「說吧！」年輕人依舊很熱心。「你再加上一句，『字跡不好，請原諒』吧！」老太太小聲地說道。

小夥子聽到後，也不好意思地笑了。可以猜到，年輕人的字可能寫得真的不怎麼好，不然老太太怎麼會加上這麼一句，更不要說他剛開始還熱心地幫忙她。老太太的做法的確值得稱讚，沒有直接地點出來，而是小聲地去旁敲側擊，提醒年輕人。面對這樣好心體面的提醒，年輕人應該說聲「謝謝」才是。

「誇」出來的效果也不錯

　　這裡的「誇」，是誇張的意思。在大部分的時候，「誇張」並不是個好詞。誇張的形容，誇張的表演，誇張的表情，都是說一樣東西過頭了，給人不好的感覺。

　　有句古話叫「語不驚人死不休」。有時候，在說的話裡面加一些這樣誇張的語句，往往能收到驚人的效果，讓別人在驚訝的同時了解你的意思。

　　有這樣一個小笑話，說的是兩個人在聊天，甲說：「我家有一面鼓，敲起來，百里外也可以聽到。」得意之情溢於言表。

　　乙聽後說：「這麼巧，我家有一頭牛，站在江南，可以吃到江北的草。」甲聽後不信，連連搖頭，問道：「哪有那麼大的牛？你在吹牛吧！」

　　乙說：「哪裡有啊，要是沒有這麼大的牛，又怎麼會有這麼大的牛皮來做你的鼓啊。你家有那麼大的鼓，怎麼不相信我家有這麼大的牛呢？」

　　在這個故事裡，要論吹牛，那乙一定是高手，可是他的目的並不是為了吹牛，逗一時之嘴快，而是要讓甲明白他自己話中的不妥。乙的話看似荒誕，卻像一把錘子敲打著甲的腦袋。

　　這屬於誇大其辭提醒對方，還有些時候，我們極盡渲染之勢來誇大自己的語言，以達到幽默搞笑的效果。這樣的誇張又

6 巧用幽默點破問題，照樣得人心

如神來之筆，讓你的話語錦上添花。

在馮夢龍編寫的《三言二拍》中有一個短篇故事，說的是大文豪蘇東坡的一個幽默故事。

由於家中文化氣氛很濃，所以蘇東坡家裡的每一個人都有著極高的文學才華，很多人在小時候就表現出了些許天分。蘇東坡有一胞妹叫蘇小妹，她小小年紀便做得一手好詩，她總是喜歡和哥哥一較高下。有一天，蘇小妹讀東坡詩集的時候，看到「牆裡鞦韆，牆外佳人笑」、「多情卻被無情惱」這樣含情脈脈的句子，又想到哥哥本是個長方臉，她便抓住這個特點，極盡誇張和想像說道：「去年一滴相思淚，今年方流到嘴邊。」

蘇東坡聽出了話裡有話，他看了妹妹一眼，心想小妹額頭很高，總是怕別人看見，便笑了笑，回擊道：「香軀未到閨閣內，額頭已列畫堂前。」

這兩句詩，的確讓人捧腹大笑。調皮的妹妹本想戲弄哥哥一下，在詩句中誇張地描繪了哥哥的特點，必定在心裡暗暗高興。不料，蘇東坡利用了這個「誇」的方式，以同樣的手法回擊了過去，一來一回，才情和智慧都讓人感嘆不已。

當然，說話誇張也要注意分寸，還要注意場合，像一些文藝作品中的誇張，在生活中就不太合適。比如，相聲有這樣一個橋段：

郭：這麼些年了，好不容易有一說相聲的上了天堂，你知

「誇」出來的效果也不錯

道嗎，必須好好招待一下。

李：合著淨下地獄啦？

郭：一會兒的功夫菜都備齊了，一瞧，呵，那豐盛啊！一人一套煎餅，給杯白開水。

李：天堂還吃這個啊？

郭：我說帝哥，就吃這個啊，這還豐盛呢。對不起啊，你看天堂上就是你，我，老趙，老王，我們四個窮小子，你先湊合吃吧。

李：節約開支。

郭：吃吧。吃完了，坐這裡聊天，我說這上天堂有什麼好處啊？好處大了，太大了！

李：都有什麼呀？

郭：這樣吧，因為你是很了不起的一個人哪，我們可以滿足你一個願望，你想幹嘛都能答應。我說，好啊，我希望天下和平，百姓們安居樂業，國泰民安，沒有戰爭，行嗎？

李：您這要求夠高的。

郭：上帝想了想，（抽菸），這難。

李：不好辦到？

郭：實話實說啊，我也不跟你說別的，這這……（抽菸）

李：上帝這菸夠勤的。

郭：你換一樣行嗎？咱商量商量別的。我一摸身上帶著一張你的相片啊。帝哥，您看看這個，這是我師兄，長得挺一般的，找不到對象，你給他變漂亮點吧。（看看撕掉）行了，還是說說世界和平那事吧。

在這裡，為了調侃他師兄李菁的長相，演員不惜在前面鋪陳了這麼久，最後表現出來的效果不可謂不誇張，當然，這在相聲裡叫「逗」。相聲畢竟是相聲，在舞臺上表演的東西，如果在生活中也勇於運用如此誇張的說話方式的話，即使是玩笑，也還是太過了些，難免會傷害朋友間的感情。

意見應該這樣提

戰國時期，陳軫來到秦國，正遇上秦惠王為一件事發愁，當時的韓魏兩國互相攻打，打了一年也沒分出勝負，而且戰爭也沒有停止。

秦國是當時的一個大國，秦惠王想憑藉自己的實力來阻止這場戰爭，一是彰顯一下自己的實力；二是以阻止戰爭為藉口，趁機消滅兩國。於是，他就問左右的大臣，大臣們都各執一詞，有的認為阻止這場戰爭好，有的認為不該阻止這場戰爭。秦惠王見眾人的說法都不一樣，一時間不能決定，所以就想聽聽陳軫的想法。

意見應該這樣提

陳軫聽秦惠王訴說完自己的煩惱以後,先不談這場戰爭,而是講了一則《兩虎相爭》的寓言故事給秦惠王聽:

從前,有個人叫卞莊子,為人喜勇好武,而且自己也很厲害,敢隻身與老虎搏鬥。

有一天,一個牧童跑來,對卞莊子說:「不好了!兩隻老虎正在爭吃我的牛呢!你快幫幫忙把老虎趕跑吧?」

卞莊子聽到後,渾身熱血沸騰,好像在燃燒,馬上就提著寶劍隨著牧童跑到山上。到了山上,只見一大一小兩隻老虎正咬住一頭牛,牛拚命地掙扎著。卞莊子二話不說,拔出寶劍就要去刺殺老虎。

這時,跑來的旅館小夥計一把拉住卞莊子說:「兩隻老虎正爭著要吃牛,吃到了甜頭,必然爭搶起來,爭搶起來必然互相搏鬥。所謂『兩虎相爭,必有一死』,死的那一隻肯定是小老虎。等小老虎死了以後,大老虎肯定也要受傷。到時候你刺殺那隻受傷的老虎,輕而易舉。這樣一來,你只要刺殺一隻老虎,就可以獲得刺殺兩隻老虎的美名。」

卞莊子認為小夥計說得有道理,於是他們就站在那裡等著。

過了一會,兩隻老虎果然因為怎樣分配食物的問題互相搏鬥起來,不出小夥計所料,小老虎被大老虎咬死了,大老虎被小老虎咬傷了。這時,卞莊子拿起寶劍刺死了受傷的大老虎,一舉兩得,獲得了「刺殺雙虎」的美名。

陳軫講完了故事，對秦惠王說道：「現在韓魏兩國相攻，一年了也沒停止，這必然使大國受傷，小國滅亡。大王討伐受傷的大國，這不是一舉消滅了兩個國家嗎？這和卞莊子刺虎是同樣的道理。」

這便是歷史上著名的《陳軫借虎諫秦王》的故事。在古代，皇上可是最難打交道的人。在這本書裡也提到過許多成功地跟皇上打交道的故事，這些人都才智過人。要知道，提意見給皇上，僅僅憑著一番憂國憂民的心情是不夠的，還要特別注意自己講話的方式。這個故事裡的陳軫就是個很好的例子，當時皇上的想法和他的想法完全相反，而想要去勸阻皇上並不是一件容易的事。面對這樣的困境，他並沒有去直言皇上的不對，而是巧妙地借用一個寓言故事，讓皇上在這個故事裡對號入座，從而很容易就分辨出自己行為的對錯。這樣的辦法看似走了彎路，其實能更快地達成目標。

這個故事也給我們一個啟示，當我們要向上司提意見的時候，應該怎麼說才適合呢？如果我們一心為公司好，說出的意見卻得不到上司的採納，甚至引起上司的反感豈不是太冤枉，這就要求我們在提意見的時候要多動些腦子了。

主管都喜歡聽好話，所以，我們在陳述自己意見的時候不要說太多現狀的不好，重點要放在自己意見實施後可能帶來的好處。

主管也是普通人,他們也有喜怒哀樂,所以提意見的時候要特別講究時機。倘若老闆心情不好,那我們就改下次再談,而是要等到老闆的心情不錯時,我們的意見才更容易被接受。

說話要特別注意語氣,最好能保持誠懇、認真的態度,讓老闆首先覺得我們可靠,才會去考慮我們的意見。

提意見的時候要注意語氣委婉,就像上面那個故事裡說得一樣,懂得怎樣去暗示自己想說的,這樣才不至於把問題說得太尖銳而讓老闆下不了臺。

有幽默,也別忘了委婉

人們常說,天才與白痴只有一步之遙。套用一下這句話,便成了幽默和嘲諷也只有一步之遙。如果你在發揮自己幽默才華的時候稍微不注意,便很容易變成一種嘲諷。這個時候,你還要學會委婉。

幽默就像在天空飛翔的風箏,而委婉便是那根時時刻刻拉住它的線,看似限制了它的翱翔,但若沒有了委婉,幽默便成了沒有線的風箏,永遠飛不起來了。

有一個故事是說愛爾蘭劇作家蕭伯納。有一位老婦人很喜歡打扮,每天都要花幾小時的時間在化妝上。無奈青春不再,紅顏易逝,再多的化妝品也掩蓋不了她的年齡。不過她不在意,依舊

自戀。在一次舞會上，她遇見了大名鼎鼎的蕭伯納，這讓她十分興奮，在她開心地和蕭伯納打招呼後，便請蕭伯納猜她的年齡。

蕭伯納心裡早就明白，不過他還是一本正經地說：「看您美麗的眼睛，應該只有18歲；再看您婀娜多姿的身材，不會超過20歲；還有您那蓬鬆的頭髮以及潔白的牙齒，頂多14歲吧！」

貴婦聽到蕭伯納如此讚美自己，非常地高興。她激動地問道：「親愛的蕭伯納先生，那麼請您精確地估計一下，我到底幾歲呢？」

蕭伯納說：「關於您到底多少歲，這很簡單，只要把剛才三個數字加起來就是您的真實歲數了。18加20，再加上14，您應該是52歲！」

周圍的人都笑起來，這位婦人也不好意思地低下了頭。

如果說幽默是匹千里馬，那麼委婉便是駕馭它的韁繩。只有牢牢地控制住了韁繩，你才能更好地去駕馭馬。

委婉不會限制幽默，相反，它總能為幽默注入更多的活力，讓幽默馳騁得更遠！

靠近一點再開槍

有一個徒弟，跟著師傅進山打獵，由於是第一次，所以徒弟有些興奮和緊張。正當他們趴在一條動物經常走過的小溪旁

時,一隻野豬突然出現在視野裡。徒弟很驚喜,便慌忙地握好槍,瞄了半天,野豬倒沒有發現他們,還是慢慢地走著。突然「砰」的一聲,徒弟開槍了,這一槍並沒有擊中野豬的要害,牠發了瘋似的衝了過來,這下可把徒弟嚇壞了。正當他準備奪路而逃時,又聽見「砰」的一聲,野豬應聲倒地。師傅收起槍,拍拍徒弟的肩膀,示意他去把獵物拖回來。

徒弟很是納悶,自己明明瞄準了,也沉住氣了,怎麼還是打不中呢?師傅看出了徒弟心中的疑惑,便笑著說:「你為什麼不等牠靠近點再開槍呢?」

故事說到這裡,就引出文章的主題了。有時候,我們說話就像打獵一樣,能不能擊中目標,達到自己預想的效果是最重要的。

有一個男人,全村的人都知道他很懶惰,所以人們總想著能有個機會讓他改變,可是都沒有成功。有一次他到朋友家做客。起床的時候,他的朋友來幫他折被子,男人卻笑著說:「晚上睡的時候不是還要弄亂嗎?你現在也是白折。」飯後,朋友便忙著去洗碗,懶人又大笑起來,說道:「下一頓還是要用的,你現在洗了,待會也還是要裝飯菜的,何必現在洗呢?」晚上,朋友見他幾天沒有洗澡了,便勸他洗澡,懶人不悅:「反正還是要髒的,何必現在去洗?你們這些勤快人就是沒事找事。」朋友沒有回答,但在心裡已經想了個好辦法治治這個懶人。

第二天吃飯的時候，朋友一改昨天熱情的樣子，只顧著自己吃，也不去招待懶人。懶人問：「怎麼沒有我的飯？」朋友說：「反正吃了也會餓，你何必吃呢？省得麻煩。」睡覺時，朋友同樣只管自己。懶人又問：「我難道就不用睡覺嗎？」朋友不解地反問道：「你明天早上遲早要醒，又何必要睡呢？」懶人一聽急了，叫喊道：「不讓我吃，不讓我睡，不是要我死嗎？」朋友答道：「是啊，反正總是要死，你又何必活著呢？」

懶人的懶實在要不得，但是這個懶人還為自己的懶惰辯解，他的歪理看似還有些道理，似乎懶人懶得理所當然。想必像懶人這樣的人，臉皮一定極厚，一般的好心勸解他完全不當回事。這位朋友一開始沒有糾正他，而是看著他如何將自己的歪理演繹下去，等懶人「靠得夠近」了，他才運用懶人的歪理，將懶人駁得無話可說。這就好像近距離開槍，讓懶人啞口無言。

還有一個故事，講的也是這個道理：十八世紀西班牙傑出畫家哥雅嫉惡如仇，尤其討厭那些整日遊手好閒的王公貴族。這天，國王查理四世把哥雅叫去，假意對他說：「我聽說你是我們國家最好的畫家，這麼看來只有你才配為王室貴族畫像了。今天把你叫來，就是要你為我們王室畫張像，要是畫好了，我重重地獎賞你。」哥雅想了想，欣然同意了。幾天之後，他便把自己畫好的像獻給國王。國王看後，大吃一驚，因為在哥雅的畫中只畫了六隻手，而畫上卻有十幾個人。國王這下可生氣了，他怒氣沖沖地質問道：「他們的手呢？」哥雅說：「我也不

知道到什麼地方去了！」於是國王要他補畫上，沒想到哥雅堅決不肯，因為他認為這些王子王孫都是遊手好閒的人，有手沒手都一樣。

這兩個故事裡的主角都避免了那個徒弟犯下的錯，沒有心急，只是等待著最好的時機反擊回去。

說話也是一樣，急忙地想要去反擊別人，如果對方心有準備，搞不好還會被對方駁得無話可說。我們也應該像打獵一樣，等對方走近一些，然後果斷地扣下扳機，讓對方無路可逃。

生活中的我們，不妨也試試吧！

6 巧用幽默點破問題，照樣得人心

⑦ 幽默解圍，優雅應對刁難

「衙齋臥聽蕭蕭竹，疑是民間疾苦聲」和「四面湖山歸眼底，萬家憂樂到心頭」對傾聽做了很好的描述。傾聽是一門藝術，我們不僅僅要聽到對方說的話，還要能聽出對方的心聲。

7 幽默解圍,優雅應對刁難

捧得越高,摔得越慘

從一公尺的高度,我們往往能輕鬆跳下;如果是兩公尺,也許會猶豫一下,跳下後,腳會隱隱作痛;要是換成三公尺,我想,就沒有多少人敢縱身一躍了。

所以在生活中,當我們遇到刁難和揶揄,不妨先捧捧對方,讓對方往更高的地方走,這樣一來,當我們反擊時,對方勢必會因為站得太高而摔得比較重。

李白是著名的大詩人,當時有位宰相叫楊國忠,最忌恨李白的才華,總是想方設法逮著機會刁難他一下。

有一天,楊國忠想出一個辦法,他叫佣人去請李白,要和他應對三步詩,即對詩的人要在三步之內說出一首詩,難度很高。但楊國忠的算盤不僅於此,他還想用另一個題目,等著看李白出醜。

李白一隻腳剛踏進門,楊國忠便出題道:「兩猿截木山中,問猴兒如何對鋸?」這裡的「鋸」和「句」是諧音,表面上說鋸木頭,其實是說對詩,而猴兒,當然是指李白了。

李白聽出話中有話,微微一笑,說:「宰相起步,三步內對不上,算我輸。」楊國忠覺得李白中計了,心中暗喜,便想趕緊走完三步。不料第一步剛跨出來,李白便指著他喊道:「一馬隱身泥裡,看畜生怎麼出蹄?」這裡「蹄」諧「題」,實則說出題,

主要是想暗諷楊國忠出蹄;「畜生」在這裡暗指楊國忠,與上聯對得可謂天衣無縫。楊國忠本想好好羞辱李白一番,卻不想被李白結結實實地嘲笑了回去。

楊國忠的自作聰明想來有些可笑,面對著才華橫溢的大詩人李白,他竟然想憑著自己的一點破學問難倒對方。李白其實早就看出了他的用意,只是在一開始就明說,便沒有了這般效果。他假裝自己已經上當,正當對方洋洋得意時,突然來這麼一句反擊,可是讓楊國忠「摔」得不輕啊。

這樣的「捧」,講究一個不動聲色,明知對方惡意刁難,卻不直接點破,反而故意踩入陷阱,讓對方以為自己已經成功,便得意忘形地大肆發揮。如果你再給他一擊,那他一定會被這突如其來的冷箭傷得不輕。

我們再看下面這個例子:

有一位英國伯爵因為騎馬時不小心,手上破了皮,有一些輕微的疼痛。伯爵自認高貴,就是要全城最好的醫生威廉來幫自己治病。

威廉見到這位自命不凡的「病人」後,十分仔細地幫他做了檢查。看到醫生如此認真,伯爵不免有些開心起來。

突然,威廉大聲對著伯爵傭人喊道:「快,快去藥房拿藥,一定要快啊。」這下可把伯爵嚇壞了,心想不會真的有什麼大問題吧,便臉色蒼白地問醫生:「怎麼了,我的傷口是不是很危

險?不會有大問題吧?」

「是的」,威廉依舊急促地說道,「如果您的僕人不盡快去的話,那麼我擔心……」

「將會發生什麼意外?」伯爵連大氣都不敢出。

「我擔心,在他回來之前,您的傷口已經癒合了。」

這個讓人大笑不止的故事到這裡就結束了,我想大家一定可以想像出伯爵尷尬的表情吧。

生活中我們也常常遇到這樣的「病人」,他們興師動眾,一點小事恨不得弄得滿城風雨。我們不妨也學學這位醫生,面對這樣自命不凡的「病人」時,先幽默地捧捧對方,等到對方一片茫然時,再讓他徹底地認清自己。

就像相聲中的「捧」一樣,我們在平常說話也可以運用這種藝術形式,不動聲色地把別人捧上天,讓對方先得意一下,但事情還沒有結束,就在他洋洋自得的時候再突然放手,讓他重重地摔在地上,瞬間認清自己。

借力用力,打打太極

在 2008 年北京奧運的開幕式文藝表演中,一段四分多鐘的太極拳表演讓全世界嘆為觀止。2,000 多名武者身著白衣,飄飄若仙,行雲流水、連綿不斷的動作中又透出一股剛強,讓觀

眾留下了深刻印象。與其他拳術的踢、打、摔、拿、跌、擊、劈、刺的特點不同，太極拳講究的是中正安舒、輕靈圓活、鬆柔慢勻、開合有序，注重以柔克剛、剛柔相濟。很多人也許沒有意識到其實太極和口才也有著千絲萬縷的關係。拳頭屬硬，舌頭則軟。很多人喜歡在一言不合的時候就把硬邦邦的拳頭伸了出去，不是兩敗俱傷便是你死我亡，殊不知在這種時候，用看似柔軟的舌頭打打太極，卻會有更好的效果。

喜歡踢球的李明在體育課結束後仍意猶未盡，在教室裡來回踢著足球，一會挑球過人，一會急停轉向，還不時來幾下「馬賽迴旋」，把同學的書本都弄到地上了，也搞得旁邊的同學不得安寧。

這時，班長看不下去了，大聲說道：「這裡是教室，你要是想炫耀球技，請你去操場，不要打擾其他同學上課。」

李明一聽這話，雖然也知自己不對，但班長在同學面前如此責罵他，讓他頓時覺得沒面子，頭也不抬，依然我行我素。

班長見自己勸阻無效，還見對方不理不睬，便挽起袖子，打算以武力的方式來處理，一場爭鬥在所難免。

汪華見此情況，趕緊一把拉住班長，笑瞇瞇地對李明說：「你的球技可是進步神速啊！都快超過席丹（Zinedine Yazid Zidane）了，人家是在足球場上『馬賽迴旋』，而你卻在教室這麼小的範圍都能把動作做得如此熟練，只是這裡恐怕無法讓你全力發揮，留點力氣，等放學後再去球場上好好練球吧。」

7 幽默解圍，優雅應對刁難

李明聽他這麼一說，也笑著點點頭，收起足球，回到了座位上。

這裡的班長就是典型的拳頭比舌頭快的人，在勸阻無效後立刻想到了用武力解決，而汪華則是在話語中運用了太極的精神，沒有把話說得太硬，尖銳的責罵被他處理得溫文爾雅，讓對方也無法拒絕。這正是太極裡的以柔克剛，讓生硬的話變得柔軟，打磨掉原來的稜角，讓對方也乖乖聽你的勸告。

借力用力也是太極拳的一大特點。在平常的言語中，我們也不要急著發力，先聽聽別人說什麼，在別人所說的話上，再加上自己的說詞，這樣往往能讓自己的話更加有力。

凱莉仗著自己的權勢，素來目中無人，喜歡刁難和嘲笑他人。一日，她對麥克說：「先生，您知道世界上最鋒利的是什麼嗎？」

「不知道。」

「就是您的鬍子呀。」

麥克摸摸鬍子，知道對方又在嘲笑自己了，不過他依舊假裝不知道，繼續問道：「為什麼？」

「因為我發現您的臉皮已經夠厚的了，而它們居然還能破皮而出。」

麥克聽完，笑著反問道：「小姐，那您知道您為什麼沒長鬍子嗎？」凱莉還沉浸在自己的得意當中。

「因為您臉皮更厚，連尖銳、鋒利的鬍子都無法鑽過。」麥克巧妙地接過凱莉的話，讓自己的話更有殺傷力。凱莉是被自己的話所傷，真是自作自受。

這篇文章應該能給你一種豁然開朗的感覺吧？每次在公園總能看到許多運動的老年人認真地打著太極，我們總會羨慕那種優雅。其實看看上面的例子，我們在生活交際中也可以打打太極。如果我們也能經常「硬話軟說」或是「借話回話」，那我們的言語一定更加精彩！

牛頓（Isaac Newton）曾說：「如果說我比別人看得更遠些，那是因為我站在巨人的肩膀上。」在這裡，這句話也許可以改成：「如果說我比對方說得更有力，那是因為我站在對方的肩膀上。」

玩笑過度，樂極生悲

生活中常常會有許多意想不到的情形發生，令毫無準備的你感到十分難堪。有的人往往會手足無措，陷於困境當中。聰明的人則會用幽默的眼光來看待它，從獨特的視角出發，找出解決問題的辦法。

有一次，美國小說家馬克‧吐溫（Mark Twain）到芝加哥一家旅店住宿。有人告訴他此地的蚊子特別多，他在服務臺登記

房間時，一隻蚊子正好飛過來。

馬克・吐溫對服務生說：「早就聽說貴地的蚊子十分聰明，果不其然，牠竟會預先來看好我的房間號碼，以便夜晚光臨，飽餐一頓。」服務生聽了不禁大笑。這一夜，馬克・吐溫睡得很好，因為服務生記住了他的房間號碼，事先做了該做的防備。

在社交場合中，幽默的話語雖然能輕鬆地為你化解尷尬，但使用時要注意在語言表達上一定要溫婉謙和，否則的話，效果可能會適得其反，弄得大家不歡而散。

有一次，美國總統雷根（Ronald Wilson Reagan）到國會去參加一項會議。開會前，為了試一試麥克風是否已接通，他便隨口開了一個玩笑，說：「先生們請注意，五分鐘後，我將轟炸蘇聯。」

此話一出，全場譁然。後來，蘇聯針對此事提出了強烈抗議，弄得雷根很難堪、很狼狽。

由此可見，玩笑開過度，可能會造成無法挽回的後果。

那麼，應該如何恰到好處地運用幽默呢？

1. 開玩笑要因地制宜，切忌不分場合，造成與環境不和諧的結果

在莊嚴肅穆的場合，開玩笑就會破壞嚴肅的氣氛，使人感到不合時宜。在喜慶歡樂的場合，開玩笑固然可以增添輕鬆愉悅的氣氛，但如果玩笑開得失當，也會讓人非常掃興。

2. 開玩笑的格調要健康高雅，切忌汙言穢語

這裡面包括兩層含義，一是內容上不要開品味低下的玩笑，譬如不要拿別人的隱私和缺點當作笑柄，更不要把那些低級趣味當作玩笑，這樣的玩笑不僅不會讓人愉快，還會造成別人的反感，認為你是缺乏文明修養的人；二是形式上，開玩笑不要言語粗俗。

如果你能夠恰如其分地把你的聰明機智運用到智慧的幽默中，使別人和自己都享受快樂，那麼你就會得到更多人的喜歡和欽佩，獲得更多朋友的支持和關心。這對你實現自己的目標，逐漸步入成功者的行列會非常有幫助。

總之，開玩笑應是善意地炒熱氣氛，促進彼此的感情交流，而不是惡意取笑，占對方的便宜。所以，在開玩笑時一定要拿捏好分寸。

靈活面對，讓對方無路可退

在一次畢業典禮上，一群學生問老教授對即將走上社會的他們有什麼忠告。「踏實做人，靈活做事，」老教授認真地說道，「意思是說你們以後要做一個踏實的人，但在面對事情的時候要靈活面對。這是我送給你們的八字箴言，也希望它能在以後的人生道路上給你們很大的幫助。」

7 幽默解圍，優雅應對刁難

的確，「踏實做人，靈活做事」，是一句非常實用的關於為人處事的箴言。在社會上遇到各樣的事情，面對不同的情況，我們應該靈活面對，同時，我們還要保持一顆踏實的心，這樣才能處理好所面對的事。

某網站經常提出討論的主題，並鼓勵眾多網友積極參與討論。有一次他們的主題是：

你與同學同在一家公司，他因處事靈活，被上級主管提拔而成為你的主管，但他的業務成績不如你，因此在工作上，他常常找你麻煩，就怕你對他造成威脅。你是找上級主管反映情況呢？還是忍氣吞聲，或者採取其他措施？

也許很多朋友在工作中遇到過類似的情況，因為外部的變化，我們總是不自覺地被推入困境。其實，造成這樣的原因不在我們自己，但是卻又很難向別人說明情況。是無謂地怨天尤人，感嘆自己的命運不順，還是努力找出一個解決的方法，讓自己走出困境呢？我們來看看其中四位網友是怎麼回答的：

1. 靈活處事才能勝出

遇到這種情況，找上級主管反映或忍氣吞聲都不是上策。要是你沒有足以讓上級主管「換」掉他的理由，到頭來，非但上級主管不會挺你，還會令你遭受他的「迫害」；而忍氣吞聲，又太委屈自己了。如果是我，我將靈活處理這種情況。

首先，你聽到他被上級主管提拔是因為他處事靈活，但處事靈活只是工作中的一大優點。任何人被提拔都有其原因，不能一味貶低別人，要在自己身上找原因，才能治標又治本。既然你已經有了業務成績上的優勢，為何不在處事靈活上多下一點功夫？

　　處事靈活包括很多方面，跟同事和主管搞好關係就是很重要的一點。在不違反原則的情況下，對於你的上司兼同學處處卡關就當不知情，也不計較，久而久之，他便會對你解除戒心。

　　你的業務成績加上處事靈活，主管下次看上的也許就是你。工作實際上就是一個磨練的過程，自己需權衡輕重及斟酌。

2. 不幸是這樣一種機遇

　　有這樣的同學已經夠令人難過了，還要與他一起工作、受他的氣，真是倒楣到了極點。就目前的情況來說，你的同學剛剛被提拔，正是春風得意之時，也是正受主管重用之時，你要是去找主管說明他的問題，主管通常不會相信，也許還會懷疑你嫉妒他人。結果，問題不僅沒解決，還和你的同學加上司徹底翻臉，自己兩面不是人。我認為，如果一個人處在這樣的情況下，已是到了非常時期，應該當機立斷，一走了之。

　　不過，一般人或許考慮更多的是吞不下這口氣。我認為，男子漢能屈能伸，毋須再過「人為刀俎，我為魚肉」的日子，換一個施展才華的地方，也不是個壞主意。

3. 假痴不癲，反客為主

從某種意義上說，職場如戰場，你面對的是一場沒有煙硝的戰爭，若你能巧妙藉助《三十六計》中「假痴不癲，反客為主」，就能化險為夷、揚眉吐氣。

「假痴不癲」指的是裝聾作啞，但心中清楚。你的同學身為你的直接主管，自知業務成績不如你，便對你產生戒備之心，處處為難你。你雖處於不利的形勢，但切忌向上級主管貿然反映情況。你必須適當隱藏自己的才能，掩蓋內心的抱負，工作上則避免與他正面衝突，盡量完成他交付的任務，私下也與他保持良好的同事關係，消除他對你的戒心。

「反客為主」是指要循序漸進。當他對你不再有防備之心，你也已經站穩了腳跟，然後步步為營。業務成績不錯的你，在工作中穩紮穩打，定會引起上級主管的重視，然後等待時機，表現自己。例如，公司有一筆數額很大的業務需要交涉，卻無人能勝任，蓄勢待發的你便可毛遂自薦，抓住時機，出色地完成這項任務。我想，公司本著「能者居上」的用人原則，你就可以實現自己的抱負，或是與你的同學平起平坐，甚至一躍成為他的主管。

事事難料，「三十年河東，三十年河西」，誰又能說得準呢？

4. 善待自己

問題出現時，恐怕躲也躲不掉，那就直接面對吧。忍氣吞

聲應該是下策，當人們將工作當作一種樂趣，才能以欣然的心態做事，那麼還能有什麼問題不能解決呢？其實，如果不是出現了不愉快，能與同學同在一間公司，兩人有相同的經歷，同窗情誼使兩人之間的合作可以相得益彰。

但如因為嫉妒而使你受到同學的排擠，你也許考慮調離目前的部門，但工作讓你無法放棄，又不想委屈自己，那麼與同學好好談談吧。兩人如果為敵，會耽誤了兩個人的前途，與其如此，不如一起發展。

如果無法溝通，找上級主管反映情況也不失為一種可選的方法。也許主管可以幫你解決問題，但必須慎言，不要把「反映情況」變成義憤填膺的批判或申訴，應實事求是說明自己的困惑，明理的上司自然會處理好這類事情。

上面這些網友的意見能否給你一些啟發呢？如此進退兩難的境地，貌似無法找到有效的解決辦法，但是只要你勇於去找，靈活地處理遇到的情況，一定會「柳暗花明又一村」的。

一般而言，如果我們遇到一堵無法翻越的牆，絕望地坐在牆角哭泣，放棄欣賞牆後的風景，或是有勇無謀地冒著生命危險去翻越這座牆，這都不是好方法。我們不能被一堵牆堵死了自己的思考，而是應該靈活地去面對它，比如找找牆上是否有門，又或許有條路能繞過它，相信我們一定會有意外的驚喜。

言有盡而意無窮

話中有話是指在一定的語境中,說話者故意在語言中暗藏弦外之音、另有所指。在不便或不能直言的情況下,不妨採用這種方式,反而更能產生令人意想不到的諷刺效果。

從前有個大富翁,是個十足的鐵公雞。有一天在他吃飯的時候,正好有客人來訪,於是他把客人留在客廳裡,自己偷偷地溜到裡面去吃飯。客人心中不是滋味,便故意大聲地說:「哎呀,真是可惜,好好的一座廳堂,許多梁柱卻被蛀蟲蛀壞了!」

主人在裡面聽到了,慌忙跑出來,問道:「咦,哪裡有蛀蟲?」

客人朝他身上打量了一番後,回答說:「牠在裡面吃,外面怎麼知道?」客人的話表面上是說蛀蟲,其實暗指主人,主人心知肚明,但也不便發作。美國作家馬克・吐溫也是善用這種方法的高手。他寫文章善於諷刺,充滿幽默。在現實生活中,馬克・吐溫其人亦出語犀利,句句充滿了詼諧的情趣。有一位為富不仁的大富翁,他的左眼全瞎,無法復明,後來,他花了大把的鈔票,裝了一隻假眼。這隻假眼睛做得唯妙唯肖,宛如真的眼睛一樣。這個富翁得意極了,逢人便問:「你猜一猜,我的眼睛哪一隻是假的?」每當回答者猜錯了,他便喜形於色、得意非凡。也有些人替他戴高帽子:「閣下真是財大命好,連假眼睛

也做得跟真眼睛一樣。」一番馬屁話，說得他心花怒放。

有一回，他遇到了馬克‧吐溫，為了炫耀他的假眼睛，他又提出了那個「猜一猜」的老問題：「請你猜一猜，我的眼睛哪一隻是假的？」

馬克‧吐溫毫不猶豫，立刻指著富翁的左眼說：「這隻眼睛是假的。」富翁很不識相地繼續問：「你怎麼知道的？」

馬克‧吐溫回答道：「因為從你的左眼中，我看到還有一絲慈悲。」馬克‧吐溫的言外之意是，那個大富翁是個沒有慈悲之人。

會幽默，何必生氣

先讓我們看看一些名人在幽默和生氣之間會選擇誰：

一次酒會，有位女士帶著戲謔的口吻向英國生物學家達爾文（Charles Robert Darwin）提出疑問：「達爾文先生，聽說您斷言，人類是由猴子變來的，我也屬於您的論斷之列嗎？」

「那當然囉！」達爾文看了她一眼，非常有禮貌地答道，「不過，您不是由普通猴子變來的，而是由長得非常迷人的猴子變來的。」

大哲學家蘇格拉底的故事就很慘了。

蘇格拉底有一次在家看書，不料他的妻子又生起氣來。她

7 幽默解圍，優雅應對刁難

大罵蘇格拉底，言語中充滿著不滿和憤怒。蘇格拉底並不生氣，只是默默地坐在那裡，但他的妻子並沒有因為這樣而罷休，依舊大聲地朝他吼叫著。這時聽到外面有個學生找自己，蘇格拉底便跑去院子裡開門，而他妻子卻把一盆水全部潑在了他身上。學生看到這樣的情景也覺得十分尷尬，心想：「老師一定要大發脾氣了，自己來得真不是時候啊！」蘇格拉底卻笑了笑，無奈地對那學生說道：「我早就知道了，打完雷必然會下雨。」

又有一次，朋友與蘇格拉底聊天時，問他怎麼找個脾氣這麼壞的女人當妻子。蘇格拉底並不介意別人這樣問，還一本正經地回答道：「馴馬師都喜歡找最烈的馬來馴服，這樣才可以彰顯自己的本領。同樣的道理，所以我找了個脾氣最壞的女人來當妻子。」

碰到上面的情況，大多數人早抱著「是可忍，孰不可忍」的想法大發脾氣了。在怒火沖天的時候，人們僅僅想到了忍或是不忍，卻不知道在這兩者之外還有另一種處理方式的選擇，那便是幽默地化解。俗話說「兵來將擋，水來土掩」，當怒火如洪水般洶湧地衝向你的頭腦時，你大可用幽默把它掩埋。

其實，幽默面對怒火是一種處世方式，更是個人素養的表現。你在快要生氣的時候如果想著怎麼去用幽默化解，那麼恭喜你，你已經養成用幽默代替生氣的好習慣了，長此以往，你會發現你可以靈活地面對許多事。

可能有的朋友要說：「你舉的都是名人事蹟，我們是普通人。名人有好的涵養，他們當然可能用幽默代替生氣。而我們普通人想要做到這點就很難，幾乎不可能，如果我們也能那樣，我們也變成名人了。」

要怎麼說呢？只能說你們妄自菲薄，低估自己的能力了。其實，在這裡並沒有什麼名人和普通人的區別，名人也是從普通人裡出來的，說得直接點，就是從我們之間走出來的。他們能做到的我們也一樣能做到。讓我們看一個發生在周圍真實的例子吧！

在網路上，有位老師這樣記述了自己的經歷：下午上課真是件辛苦的事！

學生精神渙散、注意力不集中也就算了，他們還會趁這個時候，講起話來，所以下午45分鐘，至少有七八分鐘用來講紀律吧。下個星期期中考試，感覺還沒完全複習透澈，想爭取時間多講點，可這個時候學生卻好像可有可無，真是皇帝不急太監急啊。但總還是希望他們能聽點，於是不厭其煩地一遍遍講紀律，講完紀律繼續講課。兩個班都如此。兩節課下來真是聲嘶力竭，無力再講。

最後一節自習課，強打起精神，去看自習。來到教室，教室裡亂哄哄的。因為Z和C兩個人不知因什麼事，打翻了桌子，Z把C推倒在地，其他的學生忙著看熱鬧呢。見我進了教室，Z

7 幽默解圍，優雅應對刁難

和 C 趕緊爬起來，扶正桌子。見到這樣的情形，心裡很生氣。這時有個很機靈的學生說：「老師，您來得真及時，看到了這精彩的一幕。」我想當時我的臉色肯定不好看，因為學生們都安靜下來了，我相信他們也都看著我，在他們的心裡也許正等待著一場暴風雨的到來吧。

就在這時，我想起了學生 L 的週記，她說我什麼都會，只有一樣不會，而且是最重要的一樣——笑。還舉了個例子，課堂上，我抓了個走神的學生回答問題，他毫不相干的答案，讓他們捧腹大笑。這個時候他們是多麼希望我也能笑一笑，這尷尬的場面也就過去了。可是我不笑，只冷冷地看著他們，這讓他們害怕，於是趕忙收住了笑，心裡瑟瑟的。這打擊了他們課堂上學習的熱情，使得接下來的課堂沉悶了。想到這裡，我壓下心中的怒火，把即將脫口而出的責罵嚥回肚子裡，換下滿臉的怒容，轉為微笑：「我想我們全班同學都要感謝 Z 和 C 兩位同學，在這麼緊張的學習生活中為我們帶來了如此精彩的表演。」同學們「哄」地笑開了。接下來的這節自習課，井然有序地過去了。紀律不需要我講一句，各做各的事去了。

我們在處理學生問題時，在生氣與幽默中，我們選擇了生氣與指責。這時，我們的確把自己的怒氣宣洩了，但我想對學生來講，這種憤怒的指責只會讓他們反感，特別是當著全班學生的面，更讓他們朝著反抗甚至對抗的道路走下去，而用幽默這種低調的處理方法反而會收到更好的效果。

這個故事就發生在一般的教師身上。一個普通的人，從事著普通的職業，也能在怒火快要竄出頭時用幽默把它壓制住。回想一下我們小時候讀書的情況，倘若出現一位這樣的老師，那應該是件很幸福的事情了。

心理學家常說，生氣是一種負面的情緒。沒有一個人是因為生氣而交到朋友的，沒有一筆生意是透過發脾氣而做成的，也沒有一對戀人是因為生氣而相愛的。所以我們要做的，便是用幽默這個良方來澆熄自己的怒火。

一顆寬容的心，幾句幽默的話語，就可以把怒火化為笑意，把敵人變成朋友，何樂而不為呢？

▌會說，也別忘了傾聽

誇誇其談的人也許很滿意自己的口才，但他們往往忽視了一樣更重要的東西——傾聽。

我在這本書裡一直強調「說」的重要性，這裡也要提到它的一位好朋友——傾聽。殊不知「聽」是「說」的源頭。我在另一章裡曾提到「聽說聽說，有聽才有說」，所以，這裡不再贅言關於「聽」對「說」的重要性。其實，「聽」不僅對於「說」很重要，在人際交往中它也扮演著重要的角色。

「衙齋臥聽蕭蕭竹，疑是民間疾苦聲」和「四面湖山歸眼

7 幽默解圍，優雅應對刁難

底，萬家憂樂到心頭」便是對傾聽做了很好的描述。傾聽是一門藝術，我們不僅僅要聽到對方說的話，還要能聽出對方的心聲。

記得以前看過一則新聞，一個學生在學校裡出了事，左腳摔成骨折。心急的家長氣沖沖地找學校校長理論，被保全擋在門外。雙方的情緒都很激動，甚至開始動起手來。這時校長來了，他沒有急著為自己辯解，只是大聲喊著：「家長們，你們的情緒我可以了解，但是我希望我們能做一次坦誠的交談。我說的時候，希望你們認真聽，你們說的時候，我一定不打斷，這樣對我們解決這件事情有很大的幫助。」於是，大家都安靜下來聽著雙方的發言。在這一說一聽中，家長了解了校長工作的難處，校長也知道家長愛子心切的苦衷。最後，大家在相互諒解的前提下和平地解決了這件事，甚至還在後來成為了好朋友。

在遇到一些矛盾衝突的時候，我們總是想著怎麼去說，似乎只有說得很好，我們才能有安全感，才能有贏的信心。「說」固然是重要的一環，但也不可忽視了「傾聽」。這兩者就像人的兩條腿，任意一條斷了，我們都無法快跑。

眾所周知，汽車推銷員喬‧吉拉德（Joseph Samuel Gerard）被世人稱為「世界上最偉大的推銷員」。他曾說過：「世界上有兩種力量非常偉大，其一是傾聽，其二是微笑。傾聽，你傾聽對方越久，對方就越願意接近你。據我觀察，有些推銷員喋喋不休，而他們的業績總是平平。上帝為什麼給了我們兩隻耳朵一

張嘴呢？我想，就是要讓我們多聽少說吧！」

著名學者查爾斯‧艾略特（Charles William Eliot）也說：「專心致志地聽人講話是最重要的，也是對人的最大尊重。」

烏託先生在商店買了一套衣服，很快他就失望了：衣服會掉色，而且將襯衫的領子都弄髒了。他拿著這套衣服來到商店，想向售貨員說明事情的經過，可是售貨員總是打斷他的話。

「我們賣了幾千套這樣的衣服，」售貨員說，「你是第一個找上門來抱怨衣服品質不好的人。」他的語氣似乎在說：「你在說謊，你想誣賴我們。等我給你點厲害看看。」

吵得正凶的時候，第二個售貨員走了進來，說：「所有深色禮服開始穿時都會褪色，沒辦法，特別是這種價錢的衣服。」

烏託先生差點氣得跳起來，他想：「第一個售貨員懷疑我不誠實。第二個售貨員說我買的是次等品，真氣人！」

他正準備說「你們把這套衣服回收，隨便扔到什麼地方，隨便你吧」的時候，部門的負責人來了。

這位負責人很內行，他的做法改變了烏託先生的態度，使這位被激怒的顧客帶著滿意的笑容離開了。這位負責人是這樣做的：

他一句話也沒講，聽烏託先生把剛才發生的事情講完，然後他開始反駁這兩個售貨員，並站在烏託先生的立場說話。他不僅指出顧客的領子確實是因衣服褪色而弄髒的，而且還強調

說商店不應出售使顧客不滿意的商品。後來,他承認他不知道這套衣服出問題的原因何在,並直接對烏託先生說:「您想怎麼處理?我一定遵照您說的辦。」

幾分鐘前還準備把這套可惡的衣服扔給他們的烏託先生心平氣和地說:「我想聽聽您的說法。我想知道,這套衣服以後還會不會再染髒領子,能否再想點什麼辦法。」

這位負責人建議烏託先生再穿一星期。「如果還不滿意,就把它拿來,我們想辦法解決。很抱歉,給您添了麻煩。」他說。

烏託先生滿意地離開了商店。七天後,衣服不再掉色了,他完全相信這家商店了。

每一個經歷過困難的人都需要別人聽他說話,每一個被激怒的顧客、每一個不滿意的職員或受委屈的朋友都需要他人耐心聽他說話。

如果你想成為好的經營者,那你就應做一個善於傾聽別人說話的人。

必須記住的是,千萬不要打斷顧客的話,讓顧客更清楚地陳述自己的意思,充分表達他的意見,即使你知道他下一句要說什麼,也不要試圖打斷他。對客戶要有禮貌,要認真聽他所說的,盡力做出反應,給予合理又巧妙的回答。因為,認真的傾聽至少能給你三個好處:一是表達了你對對方的尊重;二是獲得了更多成交的機會;三是更有利於找出顧客的困難點。

不僅是經營者,在生活中的每個場合,你都要學會傾聽。在家裡,你應該傾聽親人們在說些什麼,在工作中,你應該傾聽同事們在討論些什麼,在聚會時,你應該傾聽別人在說些什麼。一個好的傾聽者,才能扮演好生活中的每一個角色。如果你想成為一個有作為的人,你就必須學會傾聽,這樣你才能在人生的跑道中跑在前面。

7 幽默解圍，優雅應對刁難

⑧ 靈活運用幽默，讓對話充滿驚喜

我們在展現自己幽默才華的時候要切記一點，同樣的技巧在同一人面前不可重複使用。例如你曾經說了某個笑話炒熱了氣氛，下次你再說的時候，曾經聽你講過的人不巧又在現場，那你就無比地尷尬了。

8 靈活運用幽默,讓對話充滿驚喜

寓莊於諧的語言酵母

日本心理學家多湖輝把幽默稱作「語言的酵母」。幽默是智慧、愛心與靈感的結晶,是一個人良好素養和修養的表現。創造出幽默就是創造出快樂。

幽默能表現出說話者的風度、素養,使人在忍俊不禁之中、在輕鬆活潑的氣氛中工作。恩格斯(Friedrich Engels)曾經說過:「幽默是具有智慧、教養和道德優越感的表現。」幽默能表事理於機智,寓深刻於輕鬆,帶給周圍的人歡笑和愉快。幽默運用得當時,能為談話錦上添花,讓人輕鬆之餘又深刻難忘。

美國前總統卡特(Jimmy Carter)在南方時,曾虔誠地接受過基督教的洗禮。由於這段經歷,記者們常常喜歡請他就道德問題發表看法,其中不乏一些不太禮貌的難題。

有一次,一位記者問卡特:「如果有人告訴你,你的女兒與別人有不正常的戀愛關係,你將做何感想?」

卡特回答說:「我會大吃一驚,不知所措。」稍作中斷後,他又加上一句:「不過現在還不用操心,她才剛剛滿七歲。」

幽默能夠迅速拉近人與人之間的疏離感,並為說者增添魅力。通常,幽默是將生活中各種令人煩惱的問題,以輕鬆詼諧的語言表達出來,但是幽默不是毫無意義的插科打諢,也不是沒有分寸的賣關子、耍嘴皮。幽默要在入情入理之中,引人發

笑，給人啟示。

幽默和表情分不開。德國哲人黑格爾（Georg Wilhelm Friedrich Hegel）曾說過：「同樣一句話，由不同人說出來，具有不同的含義。」其實，同一句話，即使是由同一個人說出來，也可能因為音量、音調、音質的不同，臉部表情有異，而帶有不同的含義，給人不同的感覺。

魯迅先生講話生動幽默。一次，幾個朋友和他談起一個地方官僚下令禁止男女同在一個學校上學、同在一個游泳池裡游泳的事。

魯迅先生說：「同學同泳，皮肉偶爾相碰，有礙男女大防。不過禁止以後，男女還是一同生活在天地之間，一同呼吸著天地之間的空氣。空氣從這個男人的鼻孔呼出來，被那個女人的鼻孔吸進去，又從那個女人的鼻孔呼出來，被另一個男人的鼻孔吸進去，淆亂乾坤，實在比皮肉相接觸還要糟。要徹底劃清界限，不如再下一道命令，規定男女老幼，諸色人等，一律戴上防毒面具，既防空氣流通，又防拋頭露面。這樣一來，每個人都是……喏！喏！」

魯迅先生邊說邊站起來，模仿戴著防毒面具走路的樣子，朋友們笑得前俯後仰。

山間清泉之所以汩汩流淌，是因為它的前端永遠有不竭的水源；幽默者之所以語言風趣，是因為他的內心永遠都擁有一

種豁達開朗的境界。

心情沉重的人，是笑不起來的；充滿狐疑的人，話裡絕不會洋溢著暖融融的春意；整天牽腸掛肚的人，話裡必有著解不開的憂鬱。只有心胸坦蕩、超越了得與失的大度之人，才能笑口常開、妙語常在，話中總是帶著對他人意味深長的關愛，帶著對自己不失尊嚴的戲謔。

當然，幽默並非某些人的專利，幽默是一門任何人都能掌握的語言藝術。林語堂在論及幽默時說道：「幽默是由一個人曠達的心性中自然而然地流露出來的，其語言中絲毫沒有酸腐偏激的意思，而油腔滑調和矯揉造作，雖能令人一笑，但那只是膚淺的滑稽笑話而已。只有那些巍巍蕩蕩、樸實自然、合乎人情、合乎人性、機智通達的語言，才會雖無意幽默，但卻幽默自現。」

陽光普照大地，無欲無為，但卻造就了自然界的勃勃生機；幽默的人，說出來的話雖讓人感到大智若愚，卻因心境豁達，反而令人感受到幽默者寬厚的天性和無窮的智慧。

當我們也擁有一份曠達朗潤如萬里晴空的心境時，我們說的話，其實也可以達到「雖無意幽默，但卻幽默自現」的境界。

謊言重複成真理，幽默重複無人聽

古代有個成語叫「三人成虎」，出自《戰國策・魏策二》，原意指多個人訛傳市集裡出現老虎，聽者就信以為真，比喻謠言經過多人重複述說，就能使人信以為真。

保羅・約瑟夫・戈培爾（Paul Joseph Goebbels），納粹德國的宣傳部長也曾經說過類似的話：「謊言重複一千遍就會變成真理。」

如果謊言重複一千遍就會變成真理的話，那麼幽默呢？

據說，國外的社會學家曾做過這樣一個實驗：他們隨機請來 20 位參與實驗者，並說一些笑話給他們聽。統計後的資料表明，在他們第一次聽到某個笑話時有 18 人笑了起來，而當他們第二次聽到同樣笑話的時候，卻只有三個人笑了。

這樣的實驗也許在很多人看來很無厘頭，但是卻說明了一個現象：笑話一重複便不那麼好笑了，重複是扼殺笑話的最大殺手。試想，在書裡提到的那麼多幽默技巧故事，如果當事人反覆地使用，不僅感受力大減，還會讓別人覺得無趣。

我們在展現自己幽默才華的時候也要切記這一點，同樣的技巧不可在同一人面前用兩次。好比你曾經講的某個笑話把氣氛充分地活躍了起來，如果你再講的時候，原本聽你講過的人不巧又在現場，那麼你就無比的尷尬了，本來是成功的喜劇，瞬間就變成悲劇了。

8 靈活運用幽默，讓對話充滿驚喜

強摘的瓜不甜

讓我們先從電影說起。

對於能夠拍出《獵風行動》、《變臉》、《不可能的任務 2》等一系列經典電影的吳宇森來說，他的作品《赤壁》無疑受到了很多影迷的期待。但是當這部電影真的呈現在觀眾面前時，卻引起了很大的爭議，尤其是裡面的對白，更是讓許多觀眾覺得就像吞了一隻蒼蠅那般噁心。也許會有支持的觀眾認為這是吳宇森成功轉型的作品，他在電影裡的確適當地加入了些幽默的元素，但是更多的人認為，這種牽強附會的幽默，只會給予人生硬的感覺，沒有任何的笑點。讓我們看看裡面的一些對白：

1. 劉備為前往東吳遊說孫權的諸葛亮踐行，盛了一大碗飯，說：「去東吳的路途遙遠，需要體力，多吃點。」

2. 「大人，不好了，難產了！」一個老臣慌忙跑來向周瑜報告，而鏡頭一轉，原來是小喬在替一匹馬接生。

3. 周瑜向小喬介紹諸葛亮：「他姓諸。」

4. 諸葛亮幫那匹馬接生，周瑜問：「這個你也懂？」諸葛亮說：「略懂，我幫牛接生過，馬應該是一樣的吧。」

5. 孫尚香主動請纓要參與赤壁大戰，她眨著一雙小燕子式的大眼睛，面帶微笑地說：「天下興亡，匹女有責。」

6. 曹操出神地望著小喬的畫像，侍衛有些曖昧地說：「丞

相，欲望過多，思念過盛，也會引起頭風症。」曹操回答：「你難道沒聽說過，欲望使人年輕？」

7. 諸葛亮搖著扇子，周瑜說：「這麼冷，你還要扇扇子？」諸葛亮回答：「它可以讓我冷靜。」

8. 諸葛亮正在幫白鴿扇扇子，周瑜問：「你在做什麼？」諸葛亮回答：「我剛幫牠們洗完澡，正在幫牠們搧風。」周瑜冷冷地回答：「你也不怕牠們著涼？」

首先，拋開歷史人物如此說話是否合適不說，導演可能還寄望於這樣的對白能帶給觀眾許多驚喜，然而這樣的對白只會給人生硬的感覺。比如，第 8 則裡的周瑜冷冷地回答「你也不怕牠們著涼？」就讓人覺得很不合適，「著涼」二字用在白鴿身上的確有些反差的效果，但是在這樣的語境中只會讓人覺得十分不適合。

還有第 3 則中的「他姓諸」，明顯是想用小學生級別的說法來達到幽默的效果。但是這樣的情況發生在大將周瑜身上，觀眾會喜歡嗎？在之前的報導中提到，觀眾在聽到這些臺詞的時候發出陣陣的笑聲，這看似達到了導演的期望，但是這樣的笑聲不是因為幽默而笑，我想更多的是被驚嚇後尷尬的笑聲吧。

同樣是喜劇，讓我們再來看看周星馳的電影。他電影裡的幽默來得更自然，沒有絲毫強加的感覺，不是單純地為了讓觀眾笑才去幽默，而是更多地注重電影本身的需要。周星馳的電影有很多的無厘頭片段，但正是出於他電影本身基調的設定，

8 靈活運用幽默，讓對話充滿驚喜

還有劇情上的前後呼應，才讓這些笑點顯得恰到好處。

說完了電影，再讓我們回到生活中來。其實，在生活中的幽默也是一樣，不要刻意地去幽默。也就是說，如果我們僅僅只是想給別人一個幽默印象而去故作幽默的話，別人就會覺得我們的幽默有些牽強了，一點也不好笑。

曾經聽到某個同學說起這樣一個故事：

巴頓將軍（George Smith Patton, Jr.）為了顯示他對部下士兵生活福利的關心，突擊檢查了食堂。來到食堂後，他看見兩個士兵站在一個大湯鍋前。「讓我嚐嚐這湯。」他的語氣不容質疑。

「可是，將軍……」士兵的臉上有些尷尬。

「沒什麼『可是』，我就是要突擊檢查，不給你們準備的機會。給我勺子！」將軍拿過勺子喝了一大口，眉頭緊緊地皺了起來。「太不像話了！」他厲聲喝斥道，「怎麼能讓戰士喝這個？這簡直就是洗鍋水！」

「我正想告訴您這是洗鍋水，沒想到您已經嚐出來了。」士兵答道。

這便是幽默，雖然反差那麼大，但是前後連貫得極其自然。這樣的笑話定能讓人會心一笑。

幽默恰恰就是需要這些反差，才能給人意想不到的效果，可是反差這東西不像瀑布，越大越好。我們在口才中運用反差的時候一定要注意自然，不要給別人生硬的感覺，要讓一切轉

折都那麼自然，不然全無笑點。

幽默便是這樣，宛如蜻蜓點水一般，卻又似畫龍點睛的一筆。

幽默也應有限度

凡事都要有限度，俗話說「物極必反」。過度的幽默就不叫幽默了，這樣變相的幽默不僅讓人笑不出來，還可能會傷害別人，成為人與人之間衝突的導火線。

有個老師在他的日記中講到了這樣一個故事：

那是一節英文課。課上，我發現李磊的頭髮還沒剪。他額前的頭髮故意留了兩絡，比較長，前兩天我已經提醒他剪掉了，結果今天上課一看，那兩絡頭髮還彎彎曲曲「躺」在額前，我就想怎麼能讓他在輕鬆的氛圍下理解我的用意，回家把頭髮剪了呢？我馬上想到了何不幽他一默。

於是我叫他回答問題，答完後，我說：「以後李磊出去可不會走丟，因為我們看到他額前那兩絡頭髮，就能認出他來！我們班同學太有特點了！」話音一落，全班同學哄堂大笑，還有同學接話說：「老師，他還說自己是偶像劇男主角呢！」我答道：「我看怎麼像諧星呢？」說完，同學們又是一陣亂笑，邊笑邊把目光投向李磊。

我又接著講課了，但是李磊像是受了什麼奇恥大辱似的默

8 靈活運用幽默，讓對話充滿驚喜

不作聲，還用手一直捂住前額，把頭埋得很低很低。我感覺到不對勁，又叫他回答了一個問題。我繼續調侃道：「李磊不好意思了吧，來回答個問題吧！」他站起來匆匆回答完後，又匆匆坐下了，在這個過程中，手一直捂著前額。放學的鈴聲一響起，他簡單收拾起書包，連隊都沒站就不見了蹤影。我感覺到，我可能傷害了他。

回到辦公室，我的心久久不能平靜，怎麼會這樣呢？我只是想跟學生開個玩笑，想以一種幽默的方式提醒他改進，怎麼會傷害他了呢？或許我的幽默過了頭吧？或許我沒有考慮到他性格中內向脆弱的一面吧？總之，一定是我錯了！

我坐立不安，馬上打電話到他家，接電話的是他媽媽，說他還沒有到家，我便囑咐她讓孩子到家後回個電話給我。

半個小時後，電話鈴聲響起，電話那頭很沉默。「生老師的氣了嗎？」我問。

「嗯！」他低落而堅定地回答。

「為什麼呢？」

「因為我受不了別人侮辱我！」

我很震驚，原來我自認為的幽默居然讓他感到受了侮辱！「你認為老師跟你開玩笑是善意的還是惡意的？」

「惡意的！」他依然堅定。

我一時語塞，不知說什麼。

幽默也應有限度

在接下來的談話中，我盡全力去解釋我並無惡意，而且承諾：「我會在全班同學面前跟他道歉，以挽回他的尊嚴！」他終於輕鬆了許多。

這便是幽默過度的事例。老師本是出於好意地提醒這位同學，結果因為玩笑開得有些過分了，對學生的心理產生了不小的影響。所以說，幽默一定要適可而止，不然便會適得其反。

我們在幽默的時候應該注意哪些狀況呢？整體來說，我們應該注意三件事：

首先，不要進行人身攻擊，不可嘲笑對方的身體缺陷，比如殘障人士。這樣的行為只會招來對方反感和旁觀者的厭惡，這種揭他人傷疤的行為，只是把快樂建築在別人的痛苦之上。

其次，不要冷嘲熱諷。不管是否出於好心，冷嘲熱諷的言語都會被別人理解為惡意的攻擊，只會讓你陷入百口莫辯的境地。

最後，能預見自己的幽默所造成的結果。比如，捉弄別人的惡作劇就不可能有好的結果，對別人造成的傷害也會很大。

上面說到了三個比較重要的三件事，下面我總結了一些在幽默時應該注意的小環節：

1. 幽默的時候一定要弄清楚情況及場合

有些幽默只在特定的場合下才能發揮作用，放到其他的地方則很有可能會造成不小的誤會。

2. 開玩笑的時候避免傷害別人

開玩笑的時候,只要在場的人中有一個因為你的幽默而受到傷害,你的幽默就是失敗的。

3. 不要嘲笑別人的長相

長相這東西是天生的,非個人可以左右,所以你自嘲自己的長相沒有關係,還會讓別人看到你的豁達,但是千萬不要去嘲笑別人的長相。「愛美之心,人皆有之」,尤其是對於女性朋友來說,最不能忍受的就是別人拿自己的長相開玩笑。

4. 機會稍縱即逝,幽默也要抓住時機

有時候聽別人說話時,恰巧有一句話可以讓你發揮一下幽默的才華,這時候你便要趕緊出手,不然等到大家聊到別的話題,就沒有效果了。如果你還強硬地把幽默丟出去,不僅效果不好,而且還會讓別人覺得你反應遲鈍,最初的話題,怎麼現在才說。

比如,有位朋友說:「昨天真是倒楣,去公廁上廁所,沒有看見『正在清理』的牌子,結果上到一半,幾名女清潔工跑了進來,弄得尷尬極了。」這時,你適時地來一句「你當時肯定後悔自己怎麼不是鼴鼠的啊,不然鑽出去就可以了」一定可以讓氣氛熱烈起來。倘若你沒有抓住時機,說出這些話時太晚,大家只會摸不著頭緒般看著你了。

幽默俏皮討人喜

據說，古代一位將軍公布了想娶夫人的消息之後，名門閨秀、摩登女郎紛紛趕來「應徵」。選聘夫人這種事完全委託祕書來代理自然不妥，於是這位將軍打算親自出面進行「面試」，而且「面試」的問題只有一個：「你為什麼要嫁給我？」

第一個答道：「因為您是個大英雄，我愛慕英雄！」

第二個答道：「因為您是大官，和您結婚，我就是官太太。」

第三個⋯⋯

來人不少，但「面試」結果卻馮將軍非常失望，這種依附型心理的女性不是他喜歡的。

這時，一位女士出現了。她不僅氣質不凡，而且問題回答得也石破天驚：「上帝怕你做壞事，派我來監督你！」

她的機智俏皮和風趣馬上征服了將軍，兩人結為了百年之好。

她面對婚姻大事，以高度睿智、俏皮風趣的語言表達出嫁給將軍的願望與動機。「上帝怕你做壞事，派我來監督你！」這既體現了她有足夠的膽識與魄力，又顯示了她的機智。

在日常生活中，我們身邊很難有像喜劇演員、相聲表演藝術家等這樣專門說笑話的人，但是，只要我們細心觀察身邊人許多有趣的言語、行為，就會發現幽默其實無處不在。

8 靈活運用幽默，讓對話充滿驚喜

髒話只會弄髒自己

在我周圍，一般在事業上小有成就的人，都不會口出髒話。說髒話可謂「有百害而無一利」，不僅影響你自己的形象，更不利於團結。更重要的是，一個總是說髒話的人會被群體所孤立，因為沒有人願意和一個出口成「髒」的人為友。

說髒話是個不好的習慣，這應該是很多人的共識。但是也許有一部分人會辯解，說自己是在情非得已的情況下才說出髒話的，他們說對方多可恨，自己又是怎樣的氣憤，於是髒話便成了回擊對方最好的武器。其實髒話是把雙面刃，它在攻擊對方的時候，往往也損傷了你自己，讓你得不償失。在你被別人弄得很氣憤的時候，想要回擊別人，不一定要用髒話，有一種武器，它不髒但力量大。讓我們看看下面這個例子：

著名喜劇演員卡蘿爾・伯內特（Carol Burnett）的遭遇，正應了一句古話「人怕出名豬怕肥」。有一次當卡蘿爾在餐廳裡用餐時，一位並不太喜歡她的老婦人走向她的餐桌，當著許多人的面用手摸卡蘿爾的臉。這是種很不禮貌的行為，旁邊人都瞪大眼睛看著卡蘿爾，不知她要如何面對這樣的刁難。這位刁鑽古怪的老人可不管這麼多，她的手指滑過卡蘿爾的五官，然後帶著歉意說：「對不起，人們都說你長得漂亮，可我摸不出有多美。」

髒話只會弄髒自己

「還是省下您的祝福吧！」卡蘿爾說，「其實我看起來也沒有多好看。」

老婦人又故意仔細地看看卡蘿爾的五官，然後點點頭說道：「沒錯，真的是沒有多好看。」

這時卡蘿爾笑出來，邊搖頭邊說道：「又摸又看的，新的也變舊了啊。」

我不知道那些口出髒話為自己辯解的人看了這個故事後是什麼感受呢？要說氣憤，應該沒有誰會比卡蘿爾更感到氣憤了吧。一個女人在公開場合中，長相被刁難應該會無比的氣憤吧，但是卡蘿爾沒有在憤怒的情況下口出惡言，她只是略帶調侃地發發牢騷，而這樣的牢騷，僅僅是針對眼前這位老婦的。這樣，既維護了自己的形象，又有力地還擊了這位故意刁難的老婦。

卡蘿爾是個演員，這樣的對白或許在她看來如演戲一般簡單。我們普通人也可以在心裡準備一個劇本，若遇到這樣的情況，不妨先壓下怒火，如讀劇本般輕鬆地來幾句幽默調侃，想必效果一定不錯。

一個乞丐來到一個飯店乞討，店主看他可憐，動了惻隱之心，便給了他十塊錢。乞丐嘗到了甜頭，沒多久，他又來到這個飯店乞討，老闆沒說什麼，還是給了他十塊錢。誰知道過了一會，這個乞丐第三次來飯店乞討，老闆苦笑著說道：「我給你張支票吧！」

面對乞討時，盡自己能力給予幫助的確值得稱讚，但是像這個乞丐一樣貪得無厭的行為則會惹人厭。喜歡說髒話的朋友在這種時候也許早就忍不住了，情緒一上來，加上自己有理，估計什麼難聽的話都能說出來。但是，如果不知道真相的顧客看見了會怎麼認為呢？多半會說你欺負弱者吧。這樣，你的生意也許就會受到很大的影響。像這位店主一樣，詼諧地說出了自己的不快，既讓乞丐意識到了自己的不對，也顧全了自己的面子。

那些喜歡說髒話的朋友們，改改吧！

當機立斷不如繼續觀望

如果我們對當前的形勢判斷還不是很有把握的時候，先不要太急於去表達自己的想法，說出去的話就像潑出去的水，說錯了，想收也收不回來了。

說話前需要多「察言觀色」。對於一個主管來說，察言觀色尤其重要，因為主管在工作中常需要和許多不熟悉的人打交道，要對許多複雜的形勢做出準確的判斷，不然則可能對整個團體造成不好的影響。

怎麼察言觀色呢？說得簡單點，就是「以靜制動」。在你還不清楚別人「動」的目的時，不如靜觀其變，等弄清楚了狀況再說。比如，你初次見到一位客戶的時候，如果對方笑容可掬，

說幾句看似誠心的話，你就不應該急於表態。

在日常交往中，人情緒起伏變化的幅度是很大的，並且很多人表裡不一，也就是說，很多人喜歡表面一套、心裡一套。也許他此刻正說著恭維你的好話，但是在心裡卻另有打算，如果你只是平靜地坐著，微笑地注視著對方，盡量不要讓對方看出你在想什麼，那麼他也無法隨心所欲了。和不熟悉的人打交道最重要的就是要知道怎麼隱藏自己的想法，這樣才不會在別人面前露出破綻，這樣的你才是最安全的。

僅僅懂得隱藏自己還不夠，要全面掌握形勢，還需要揣測對方在想什麼。這就需要你仔細地觀察了。據說有一些脈絡可循，比如對方鼻孔張大，是對你表示遺憾或不滿；鼻子冒汗，是想掩飾內疚急躁的表現。眼神正視表示莊重，仰視表示思索，斜視表示輕蔑，俯視表示羞澀。

當然，這些脈絡並不一定是絕對的，僅能提供給你一些參考。除了對方的表情，還要注意對方說話的方式，善於說理的人往往邏輯性強，喜歡說些瑣事的人則比較感性。了解了這些特徵後，你便較容易抓住別人的想法。

觀察別人除了冷眼旁觀，這樣往往容易讓對方覺得你這個人不熱情。你也可以主動地去探測對方，找出話題，讓對方打開話匣子，這樣你就能得到更多有用的線索。你可以拋開主要問題，和他天南地北地聊起來，如家庭、興趣愛好、曾經的經

歷等。主動與人交談，可以讓你了解對方所想，以及他的心理和性格，這樣你才能聊出你想要的內容。

說話的時候，你還要特別注意場合和對象，一般主管交流的對象有以下這幾類：

1. 初次見面的客戶

在初次見面的客戶面前，說話還是以小心謹慎為主。該說十句的時候只說六句，留下四句看情況而定，替自己留條退路，不宜過於坦誠。

2. 自己的下屬或同事

和下屬或同事說話時，相對可以放鬆，但還是要注意自己的言辭。因為每個人的性格不同，相同的話在不同的人聽來便有不同的意思，這種時候說的話就要盡量適中，不要過於偏激，免得造成不好的影響。

3. 和老客戶見面

一般能成為老客戶的，在生意上已經有了足夠的默契，所以和這樣的人見面已經不需要在生意上下太多的功夫，不妨多聊聊自己的情況，顯得更像朋友間的談話，讓兩個人的感情更加融洽。

換個話題，柳暗花明

先說說我自己遇到的一件事：

記得有次朋友聚會，大家天南地北地聊著，氣氛十分活躍。朋友A新交了個女友，這引起了大家的興趣。我們拷問A，他和那個女孩是怎麼認識的啊？是不是特別主動？表白的時候緊不緊張啊？A性格十分靦腆，自然不願當大家的面提起這些事，可是大家一時興起，哪顧得了那麼多，你一句我一句的，弄得A招架不了。

這時，A突然站起來說道：「你們不要光問我嘛，C也交了新女友，你們也可以問他啊。」

朋友們都笑鬧起來，大家都說A這是想轉移話題，不能讓他的奸計得逞，於是朝他又打開了更大的火力。A無奈，憋得滿臉通紅，尷尬而吃力地應付著。

等到大家覺得應該告一段落時，這才想起A剛才說的C也有了女朋友，便準備調侃C一番。一個朋友剛問道：「你們是怎麼認識的啊？」

C接過話大方地說：「哦，是透過一個朋友認識的，我那朋友真不錯，原來在鄉下的時候吃了很多苦，後來自己努力開了家公司，現在營業額已經有幾千萬了。」

8 靈活運用幽默，讓對話充滿驚喜

「這麼厲害！」朋友們都好奇起來，想知道他朋友是怎麼創業的。

於是 C 開始說起了他朋友的故事，大家都仔細認真地聽著，把一開始的想法全丟到腦後去了。

相信很多朋友都遇到過類似情況。這裡的 A 和 C 形成了鮮明的對比，A 在轉移話題的時候過於明顯，不僅失敗了，還挑起了大家更多的興趣。而 C 呢？同樣是想轉移話題，他的手法就來得高明多了，不知不覺中便轉移了大家的注意力，像個魔術師一樣，讓大家的話題跟著自己的話走。

在與別人談話的過程，掌握話題是十分重要的。比如，和某人初次見面時，為了避免冷場，你需要找到雙方都感興趣的話題，如果對方圍繞在你不喜歡的話題時，你要知道如何巧妙地把話題轉開，避免自己尷尬。其實，轉移話題的技巧很多。比如，你可以「節外生枝」，談話內容總有一個中心，如果你想把話題轉開，只要避開這個中心即可。又比如，別人和你聊你不喜歡的籃球，你可以轉到同是球類運動的足球上，如果對方硬拉著你聊美容，你可以轉到健康上，總之這樣轉移的跨度不會很大，可以順其自然地解決問題。

除了「節外生枝」外，你還可以「先聲奪人」。在別人的話題還沒有完全展開之前，你便把自己想說的話題插進去，讓對方跟著你的思路走。這樣的做法可以讓你掌握主動權，讓你對話

題具有控制力。

還有一種方法便是「裝瘋賣傻」。如果別人一直在說你不喜歡的話題時,你可以裝作聽不懂,讓對方覺得你無法參與其中,這樣他自己也會覺得無趣,你再開始新話題就容易多了。

當然,轉移話題的時候還有許多要注意的地方。不能轉得太生硬、太直接,不然別人會認為你這個人不好相處、太自我。所以,轉移話題時一定要注意保持自然,要在別人不知不覺中將話題轉過來,這樣你才能以自己擅長的話題好好地表現自己的口才。

8 靈活運用幽默，讓對話充滿驚喜

⑨ 說得有趣，更要說得精準

在公車上，一位乘客忘了下車，等到反應過來時便大聲地喊著：「司機下車！司機下車！」這位司機卻笑著說道：「我不能下車，我下了車，誰來開車啊？」那位乘客不好意思地笑了，一場風波就這樣瞬間平息了。

9 說得有趣，更要說得精準

▌把你的對手變成聽眾

我們在生活中常常會遇到許多對手。讀書的時候，我們會把和自己成績相當的同學看成是對手；年輕的時候，可能會有情敵成為我們的對手；工作之後，許多同事又都是我們的對手。人的一生中除了和家人朋友打交道外，對手也是我們交往的重要對象，可見，如何和對手過招是人生中不可或缺的一環。

我之前坐公車的時候，經常聽到司機和乘客間因為一些小事而爭吵不休，比如停車不及時啦，司機態度不好啦等等。很多時候就是一句話說得不合適，大家就吵了起來，碰上脾氣不好的，可能要沒完沒了地吵到下車為止，大家的耳朵極度煎熬。

可能有人要說：「這有什麼奇怪的，司機和乘客本來就處在對立的位置，有些矛盾和吵鬧也不為過。」但是如果大家都注意一下自己的言語，想辦法把對方變成自己的聽眾，那結果就完全不同了。我們來看看下面的這位司機是怎麼做的：

在公車上，有一位乘客忘記下車，等到反應過來時已幾乎來不及，於是大聲地喊著：「司機下車！司機下車！」換作一般的司機，聽到這話可能會很不舒服，心想：「你自己剛剛不下車，現在對著我大喊大叫做什麼？」可是這位司機並不生氣，而是笑著說道：「我可不能下車啊，我下了車，誰來開車啊？」周圍聽到的人都大笑起來，那位乘客也不好意思地笑了起來，一

場風波就這樣被制止在萌芽之中。

司機這句精彩的話,把原本與他對立的乘客都變成了聽眾,自然吵不起來了。

相對於乘客和司機,商場上談判雙方對立的狀態就更加嚴重了。其實道理也一樣,要是能把你的談判對手變成你的聽眾,那你在談判桌上自然如魚得水。要想對方成為自己的聽眾,就要注意說話的方式,掌握好說話過程中的一些細節問題,如語句的停頓、重點的強調、說話的速度等方面往往容易被人們忽視,而這些方面都會在不同程度上影響說話的效果。

一般來講,如果說話者要強調談話的某一重點時,停頓是非常有效的。實驗證明,說話時應該每隔 30 秒停頓一次,一是加深對方印象,二是給對方對提出的問題做出回答或加以評論的機會。

當然,適當的重複也可以加深對方的印象,或運用加強語氣、提高說話聲音以強調或顯示說話的信心和決心,這樣做要比使用一長串的形容詞效果要好。

說話聲音的改變,特別是如能恰到好處地抑揚頓挫,會使人減少枯燥無味的感覺,吸引聽話者的注意力。此外,清晰、準確的發音,圓潤動聽的嗓音,也有助於講話的效果。

在談判中,應注意對方是否能理解你的話,以及對講話重要性的理解程度來控制和調整說話的速度。在向對方介紹談判

重點或闡述主要議題的意見時,說話的速度應適當放慢,要讓對方聽清楚,並能記下來。

同時,也要密切注意對方的反應。如果對方感到厭煩,那可能是因為你在闡述了一些簡單易懂的問題上卻過於詳盡,說話囉唆或一句話表達了太多的意思;如果對方的注意力不集中,可能是你說話的速度太快,對方已跟不上你的節奏。總之,如果你想收到良好的說話效果,就必須注意說話的方式,等到對方成為你虔誠的聽眾時,你便能輕鬆地在談判中獲得勝利。

偶爾換換位,說話才到位

這裡的「換位」,有兩層意思:

第一層意思是簡單的字面上的「換位」。不要以為這樣做沒有多大用處,如果你能在話語中巧妙地運用換位的方法,往往能得到意想不到的效果。有一天,一位年輕的畫家去拜訪德國著名畫家阿道夫・門采爾(Adolph Friedrich Erdmann von Menzel),向他訴苦道:「我真不明白,為什麼我只需要一天的時間便可以畫好一幅畫,可是要花上整整一年的時間才能把它賣掉?」

門采爾聽了後,笑著說:「親愛的朋友,解決這個問題很簡單,請你倒過來試試,要是你能花上一年的時間來完成一幅

畫，那麼你便可以用一天的時間就把它賣掉。」

這個故事說明了簡單的換位。繪畫的技術不是三言兩語就可以講得清楚，面對著前來拜訪的陌生人，即使說得再多也是徒勞。門采爾很清楚這一點，所以他沒有規規矩矩地去教年輕人，而是把他的話巧妙地做了換位。本來一天畫畫一年來賣，換成一年畫畫一天來賣，看似簡單的調換，實則勸導年輕人要在繪畫上多下功夫，這樣才能有出路。

其實這樣的換位看似簡單，但是產生的力量卻不容小覷。另一種「換位」便是換位思考的意思，遇到衝突的時候多站在別人的角度去思考。

卡內基每季都要租用紐約某家旅館的大禮堂20個晚上，用以講授社交訓練課程。有一次，當他做好授課的準備後，卻忽然接到通知，旅館的經理要求調漲禮堂的租金，而且是原來的三倍，但是當時入場券已經印好，早就寄出去了，而且，其他課程的事宜也都已辦妥。很明顯，他得去和旅館經理交涉。怎樣才能讓對方退讓呢？他們感興趣的當然是他們想要的東西。

兩天以後，他去找經理說：「我接到你的通知時，有點震驚，不過，這不怪你，假如我處在你的立場，或許也會寫出同樣的通知書。你是這家旅館的經理，你的責任是讓旅館盡可能得到更多的利潤，你不這麼做的話，你的經理職位可能就不保了。假如你堅持要增加租金，那麼讓我們來估算一下，這樣對

9 說得有趣，更要說得精準

你到底是有利還是不利？

先講有利的一面：大禮堂不租給我用作講堂，而是租給舉辦舞會、晚會活動的公司，那你絕對可以獲得較高利潤，因為舉辦這一類活動的時間並不長，所以他們願意一次性付出高額的租金，比我能支付的金額當然要多得多。租給我，顯然你吃大虧了。

現在，來說不利的那一面：你增加我的租金，卻減少了收入，因為實際上等於你把我趕走了，而我付不起你所要的租金，勢必得再找別的地方舉辦訓練班。還有一件對你不利的事實，這個訓練班將吸引成千上萬個具有文化素養的中高層管理人員到你的旅館來聽課，對你來說，這難道不是個不用花錢的活廣告嗎？事實上，你花 50,000 塊錢在報紙上登廣告，也不一定能邀請到這麼多人親自到你的旅館來參觀，但我的訓練班學員卻全讓你邀請來了，這難道不划算嗎？」

講完後，卡內基說：「請仔細考慮後再答覆我。」當然，最後經理讓步了。

在卡內基獲得成功的過程中，沒有談到一句關於他要什麼的話，他是站在對方的角度想問題的。

可以假設，如果他怒氣沖沖地跑進經理辦公室，扯著嗓門叫道：「這是什麼意思！你知道我把入場券都印好了，而且都已經寄出去，開課的相關事項也都準備就緒了，你卻要增加 300％

的租金，你不是存心整人嗎？300％！好大的口氣！你有病嗎？我才不付呢！」

想想，那又該是怎樣的局面呢？大吵之下訓練班必然無法舉辦，即使他能夠辯贏對方，旅館經理的自尊心也很難使他認錯而收回原要求。

設身處地地替別人想想，了解別人的觀點比一味為自己的觀點和對方爭辯要高明得多，不管是談生意還是說服下屬都是如此。

轉個彎才不會碰壁

說話的時候太直率就容易碰壁，用一句話來概括這類人便是「腦筋不會急轉彎」。說話碰壁的滋味的確不好受，碰了一鼻子灰不說，還容易遭到別人白眼。

怎麼說話才不會碰壁呢？那就是遇到困難的時候要懂得轉彎。

有一位才華橫溢的先生，認真努力地生活著。然而，他直言不諱的個性，致使他所有的努力都付諸東流。他好像永遠都無法與他人和平共處。

他總是做那些不該做的事，說那些不該說的話，並在無意之中傷害他人的感情，這所有的一切完全抵消了他努力想取得的好結果。努力變得毫無意義，因為在他的頭腦裡完全沒有「換

9 說得有趣，更要說得精準

個方式說話」的觀念，他一直不斷得罪和冒犯他人。

我們都認識過這樣的人，他們以無拘無束、魯莽直率地暢所欲言為榮。他們認為這是一種真實的表現，是一種獨特個性的象徵。在他們看來，那些迂迴曲折的表達方式和人際交往中常用的外交辭令，都是懦弱和虛偽的表現。他們所信奉的是「有什麼就說什麼」，然而，這樣的人永遠都不可能獲得成功。

儘管人們相信他們是誠實的，但是，由於不願說話稍做修飾，不善於察言觀色，常常會把事情弄得一團糟。他們不知道如何有效地影響和駕馭他人──他們在人群中總是顯得格格不入，總是處於極度尷尬的境地。每次他們在我們面前說話時，總是會觸及到我們的痛處，常常惹得我們火冒三丈。這樣的人怎麼可能會成功呢？

我們都喜歡聽到體貼入微的關懷，喜歡被別人溫柔地對待，希望和聰穎機智的人打交道。那些以毫無顧忌、直來直往的說話方式為榮的人，通常既不會有太多的朋友，也不會在事業上取得較大的成功，而且很多時候，會不自覺地對他人造成傷害。

因此，即使是講真話也要換個別人能夠接受的方式。

德意志帝國皇帝威廉二世（Wilhelm II）派人將一艘軍艦的設計圖交給一位造船界的權威人士，請他評估一下。他在所附的信件上告訴對方，這是他花了許多年、耗費不少精力才研究出來的成果，希望能仔細評估一下。

幾個星期之後,威廉二世接到了這位權威人士的報告,這份報告附有一疊十分詳細的分析推論。文字報告是這麼寫的:

「陛下,非常高興能見到一幅美妙的軍艦設計圖,為它做評估是在下莫大的榮幸。可以看得出來,這艘軍艦威武壯觀、性能超強,可說是全世界絕無僅有的『海上雄獅』。它的超高速度前所未有,而武器配備也是舉世無敵;至於艦內的各種設施,將使全艦的官兵如同住進一間豪華旅館。但這艘舉世無雙的超級軍艦有一個小缺點,那就是如果一下水,馬上就會像隻鉛做的鴨子般沉入水底。」

本來就是玩票性質設計軍艦的威廉二世,看到這份報告,不禁會心地笑了。其實,這位造船界的權威人士的意思就是這張設計圖根本就是張廢紙,但他如果直言不諱地說「陛下,你的設計圖一點也不適用,只有一個空架子」,結果會怎麼樣呢?你我心知肚明。

所以一定要明白,良藥不一定苦口,即便出發點是為他人著想也需要修飾一下話語,讓人不至於太過難堪。

在自習課上,不知道哪名同學突然放了一個響屁,引得全班同學哄堂大笑,還有不少男生笑那名學生,而女生們則用手在鼻子前搧動,整個教室一時像炸開了鍋一般。

在混亂時刻,班長站起來大聲說:「安靜!笑的人也太沒禮貌了,哪個人不放屁呢?」班長的話如水投石,引得滿堂議論,

9 說得有趣，更要說得精準

大家都憤憤不平，說班長才沒禮貌，班長頓時成為眾矢之的，難堪極了。

恰在這時，李老師走了進來，鬧騰的教室頓時鴉雀無聲。細心的李老師發現每個學生都帶著怒氣，於是請了一名同學到教室外了解情況，之後將班長請進辦公室，講了一個故事給他聽：

明朝開國皇帝朱元璋，少年時放過牛，交了一些窮朋友。稱帝後，他總有一種「高處不勝寒」的感覺，總想找昔日的朋友敘敘舊。

一天，來了一位舊友，進宮之後指手畫腳地說：「我主萬歲！皇上還記得嗎？從前你和我都替財主放牛。有一天我把偷來的青豆放在瓦罐裡煮，還沒等煮熟，大家就搶著吃。你把罐子都打爛了，撒了滿地的青豆，湯也潑在地上了。你只顧從地上抓豆吃，不小心把草葉送進嘴裡，卡住了喉嚨。還是我的主意，叫你把青菜葉吞下，才把卡在喉嚨裡的草葉嚥進肚裡去。」朱元璋聽了他的述說，在百官面前哭笑不得，為了保住顏面，他臉一沉，厲聲喝道：「哪來的瘋子，給我亂棍打出去！」

這個抱頭而出的倒楣鬼，見到朱元璋的另一位舊友——昔日的同路放牛童，於是向他訴苦，說朱元璋不講情面。那個放牛童抿嘴一笑，說：「你看我去，保得富貴。」

於是他大搖大擺走進宮來，一見朱元璋，磕頭便拜，然後

敘起舊來:「皇上還記得嗎?當年草民隨您大駕騎著青牛去掃蕩蘆州府,打破了罐州城,湯元帥在逃,您卻捉住了豆將軍,紅孩兒擋在了咽喉之地,多虧菜將軍擊退了他。那次戰鬥我們大獲全勝。」朱元璋對舊友吹嘘的那場戰爭心知肚明,他把醜事說得含蓄動聽,臉上有光,又想起當年大家飢寒交迫、有難同當的情景,心情激動,立即封了這位舊友一個官職。

聽完故事之後,班長很愧疚地說:「李老師,我知道自己錯了,不該講話這麼不留情面。」

看見前面有堵牆的時候,就別悶著頭爬上去了,稍微轉個彎不就可以了嗎?

言語有創意,才能引起共鳴

在蒙大拿州一個偏遠的山谷,一位農民正在放牧,突然,一輛嶄新的高級轎車出現在他的面前。開車的人穿著非常講究,他搖下車窗探出頭來對農民說:「我敢打賭,我能非常準確地說出你的牛群有多少頭牛,如果我的計算正確,你就送一頭小牛給我,怎麼樣?」

農民看著這個一身名牌的傢伙,又看了看漫山遍野的牛群,說道:「當然可以!」

來人停好自己的車,取出他的戴爾筆記型電腦,連線上摩

9 說得有趣，更要說得精準

托羅拉手機，登入美國國家航空和宇航局的頁面，申請了一個GPS衛星定位系統的服務，確定自己現在所處的位置，然後他要求另一顆衛星為他提供所在位置的高畫質照片，再用影像處理軟體打開得到的數字及照片，將這些照片寄給德國漢堡的數字影像處理中心處理。片刻之後，他收到了電子郵件，圖片已經處理完畢，資料也被儲存起來，接著他登入了微軟資料庫系統，將電子郵件上的資料輸入電子表格系統，幾分鐘後他得到了結果。

最後，他用微型高精度惠普雷射印表機列印出一份150頁的全彩報告。他拿著報告微笑地看著農民：「哈哈，1,586頭，怎麼樣？」

「完全正確，好吧，你自己可以挑選一頭牛帶走。」農民答道。

農民平靜地看著來人進入牛群，看著他挑選了一頭牛放進他自己的車裡。然後，農民走向車子，說：「嘿！如果我能準確地猜出你的職業，你能把牠還給我嗎？」

來人看著這個鄉下人想了想，點點頭：「當然，為什麼不呢？」

「你一定是個國會議員。」農民毫不猶豫地說。

「哇！太準確了！」來人驚呼，「你怎麼猜得這麼準？」

「根本就用不著猜，」農民說，「你們總是這樣。第一，沒有

人請你來，你卻自己跑來了；第二，你願意花大量的時間和金錢去研究一個問題，其實你想要的答案我早就知道了；第三，我沒有向你提出任何問題，但你卻自己製造問題；第四，你總是誇誇其談，顯得非常能幹，總喜歡拿所謂準確的資料說話，但並不了解那些資料背後的實際情況，比如你知道我牧群的數字，可是我要告訴你我放的是羊群而不是牛群⋯⋯」

議員目瞪口呆地看著農民。

農民伸出雙手，說：「好了，現在把我的牧羊犬還我吧。」

這是在網路上廣為流傳的一個故事。這個故事裡，我們可以看到創意的力量。可以假設這是某個人說的一個故事，那麼他想表達什麼呢？其實作者只是想諷刺一下這位議員只會空談，處理問題不實際，表面上做出一副會分析、會推理的樣子，實際上只是些華而不實的小伎倆罷了。

但是如果作者很直白地指出這些弊病，赤裸裸地把它們說出來，不僅不能得到大家的認同，還可能戴上憤怒青年的帽子。一旦他把自己想表達的東西融入到這種很有創意的小故事裡，那麼聽的人在大笑後也能認同作者的想法。

我們在表達自己意見的時候，總是很擔心別人能不能接受自己的想法，如果自己的想法都直接被別人否定了，那麼接下來的行動一定會更加困難。所以，如果我們想要別人在行動上支持自己，就必須使別人認同自己的想法，若能在表達自己的

9 說得有趣，更要說得精準

想法上多加些創意，像這個故事一樣，引起聽者的共鳴，那麼我們便能很輕鬆地得到別人的支持。

話說得好，別人才會聽

聽過很多從事推銷工作的朋友抱怨自己的工作不好做，有時候遇見客戶還沒說幾句，對方就失去興趣。說實話，有些業務員的確很不注意說話方式，往往他們才說一兩句，就沒有了聽下去的興趣。其實，推銷員要把自己的東西推薦給顧客，口才至關重要，而要把話說好，開頭則是重中之重。

俗話說得好，好的開始是成功的一半。

推銷就是用你的口才說服別人購買你的商品，一個好的推銷員應該明白開場的幾句話是極其重要的，它關係到你推銷的成敗。

一位人壽保險代理商問客戶：「5公斤軟木，您打算出多少錢？」、「如果您坐在一艘正在下沉的小船上，您願意花多少錢保命呢？」這個令人好奇的開場白，可以引發顧客對保險的重視和購買的欲望。

人壽保險代理商闡明了這樣一種想法，即人們必須在實際需求出現之前投保。為了接觸並吸引客戶的注意，有時開頭可用一句大膽陳述句或強烈問句。1960年代，美國一位非常成

功的銷售員喬・格蘭德爾有個非常有趣的綽號，叫做「花招先生」。他拜訪客戶時，會把一個3分鐘的蛋形計時器放在桌上，然後說：「請您給我3分鐘，3分鐘一過，當最後一粒沙穿過玻璃瓶之後，如果您不要我再繼續講下去，我就離開。」

他會利用蛋形計時器、鬧鐘、二十元面額的鈔票及各式各樣的花招，使他有足夠的時間讓顧客靜靜地坐著聽他講話，並對他所賣的產品產生興趣。

假如你總是可以把客戶的利益與自己的利益相結合，提問題將特別有用。顧客是向你購買想法、觀念、物品、服務或產品的人，所以你的問題應帶領潛在客戶，幫助他們選擇最佳利益。

「萬事起頭難」，說話也一樣，如果這個「頭」開得不好，那麼就沒有多少人會把注意力集中在你的話語上，即使你說到嗓子啞了也白費。巧妙地把「頭」開好，則能把別人吸引過來，並認真等著你說接下來的話，這樣你的話語才能更好地「鑽進」別人的耳朵裡。

既會機智，何必爭執

我們在生活中總會遇到一些麻煩，如何處理這些麻煩就成為我們需要掌握的一種生活小技巧。我們是選擇針鋒相對還是不露聲色地巧妙解決呢？怎樣才能讓我們成為旁人眼中的智

9 說得有趣，更要說得精準

者，敵人心中的勇者？讓我們來看看下面例子裡的主角是如何化險為夷、化干戈為玉帛的。

清朝名臣紀曉嵐在編纂《四庫全書》時的某一天，正值酷暑，他打著赤膊坐在桌前，這時，乾隆皇帝突然駕到。古時候，臣民衣冠不整見駕即為欺君，更何況紀曉嵐那副模樣！他連忙鑽進桌子底下躲避，誰知乾隆皇帝早就看到了他，便向身旁之人搖手，示意他們別出聲，自己卻在紀曉嵐藏身的桌前坐了下來。過了許久，紀曉嵐覺得很悶，此時外面鴉雀無聲，又因桌布遮擋看不見外面的情況，更不知道皇上到底走了沒有，於是偷偷伸出一根中指，低聲問道：「老頭子走了嗎？」

乾隆皇帝哭笑不得，只好假裝生氣地喝道：「放肆！誰在裡面？還不快給朕滾出來！」

紀曉嵐沒轍，只好乖乖爬出來雙膝跪地。

乾隆皇帝問：「卿為什麼叫朕老頭子呢？解釋得有理的話便饒卿不死，否則……卿自己看著辦吧！」

紀曉嵐立即答道：「皇上是萬歲，理應稱『老』；再則尊為君王，舉國之首，萬民仰戴，自然是『頭』；所謂『子』者，即『天之驕子』也。故『老頭子』乃至尊之稱。」

「那根中指又是什麼意思呢？」

「代表『君』，『天地君親師』的『君』。」紀曉嵐伸出左手，指著右手的中指說道，「從左邊數起，『天地君親師』，中指是

既會機智，何必爭執

『君』；從右邊數起，『天地君親師』，中指仍是『君』；因此中指代表『君』。」

乾隆聽後笑道：「卿急智可嘉，恕卿無罪！」

君臣之間，關係像乾隆和紀曉嵐這般親密的恐怕不多。但是作為臣子來說，即使和皇上的交情好，也是馬虎不得的，一句話說得不恰當，就不只是爭執的問題了，皇上的心情要是被你弄糟了，讓你掉腦袋都是有可能的。這裡，紀曉嵐對情況思慮不周，說了幾句不應該說的話，好在他機智過人，用他的三寸不爛之舌及時地彌補了自己的過失。

一位女士走進一家商店，氣沖沖地問道：「你們這些奸商，前些天我花了好幾千元在你們這裡買的這條黑狐皮圍巾，為什麼沾上一滴水就變色了呢？」

商店老闆慢慢自語道：「這狐狸精還真是厲害啊，做成圍巾了，居然還能如此變化多端。」

顧客想著自己上當了，必然怒氣沖沖地跑來理論，如果老闆此時態度蠻橫，一場爭執不可避免。要徹底解決好這個問題，恐怕還需要商店老闆和顧客真心誠意地去協商。僅僅老闆這一句幽默的語言並不能解決他們之間的問題，但是正因這句話，讓顧客看到了老闆的詼諧和坦誠，讓他們沒有在一開始就處於劍拔弩張的境地，相信他們也能在一個更好的氛圍中來商討如何解決問題。

9 說得有趣，更要說得精準

　　當然，這樣的機智並不能從根本上解決我們所遇到的問題，但是在問題初露端倪的時候，我們巧妙地運用機智，可以讓氣氛更緩和些，而緩和的氣氛對解決問題有極大的好處。我們所看到的許多爭吵，有些一開始便處於緊張的氣氛，如果大家處理不好，必然會朝著壞的方向發展，這個時候拿成語「一言不合」來形容最合適不過了。這「一言」彷彿澆在火上的油，讓雙方都失去理智，如果能在恰當的時候巧妙地運用理智，便彷彿是澆了水，能讓大家都冷靜下來處理問題。

既會機智，何必爭執

| 電子書購買 | 爽讀 APP |

國家圖書館出版品預行編目資料

笑出影響力！用幽默擄獲人心：開口就讓眾人記住！巧妙回應拉近距離、贏得掌聲 / 徐圖 著. -- 第一版 . -- 臺北市：樂律文化事業有限公司, 2025.03
面； 公分
POD 版
ISBN 978-626-7644-72-0(平裝)
1.CST: 幽默 2.CST: 說話藝術 3.CST: 溝通技巧
185.8　　114001851

笑出影響力！用幽默擄獲人心：開口就讓眾人記住！巧妙回應拉近距離、贏得掌聲

臉書

作　　者：徐圖
責任編輯：高惠娟
發 行 人：黃振庭
出 版 者：樂律文化事業有限公司
發 行 者：崧博出版事業有限公司
E - m a i l：sonbookservice@gmail.com
粉 絲 頁：https://www.facebook.com/sonbookss/
網　　址：https://sonbook.net/
地　　址：台北市中正區重慶南路一段 61 號 8 樓
8F., No.61, Sec. 1, Chongqing S. Rd., Zhongzheng Dist., Taipei City 100, Taiwan
電　　話：(02) 2370-3310　　傳　　真：(02) 2388-1990
律師顧問：廣華律師事務所 張珮琦律師
定　　價：299 元
發行日期：2025 年 03 月第一版
◎本書以 POD 印製